LA COALITION LIBÉRALE

PARIS. — IMPRIMERIE ÉM. VOITELAIN ET Cᵉ,

RUE J.-J.-ROUSSEAU, 61.

LA

COALITION LIBÉRALE

PAR

ERNEST DUVERGIER DE HAURANNE

PARIS

ARMAND LE CHEVALIER, LIBRAIRE-ÉDITEUR

RUE DE RICHELIEU, 61

—

1869

LA COALITION LIBÉRALE

Il y a quelques années, avant la dernière reprise de la vie politique de la France, du temps où nos libertés dormaient de ce sommeil profond dont beaucoup de gens paraissent regretter la quiétude, les panégyristes officiels du gouvernement impérial n'avaient jamais assez de sarcasmes ni d'invectives pour flétrir l'hostilité sourde et l'abstention systématique des diverses opinions qu'ils comprenaient alors sous le nom dédaigneux des *anciens partis*. Ils raillaient et dénonçaient tour à tour ces vieillards rancuneux, incorrigibles, aveugles au bonheur de la nouvelle France, insensibles aux bienfaits du gouvernement comme à ses justes rigueurs, et qui s'obstinaient ridiculement dans une opposition sans espoir. Pouvant prétendre aux plus hautes dignités du nouveau régime, n'ayant qu'à frapper à la porte du palais et à solliciter la bonté du prince pour obtenir, avec le pardon de leurs offenses, l'honneur d'être associés à sa gloire, et les avantages attachés d'ordinaire à l'amitié des gouvernements victorieux, ils avaient préféré vivre dans la retraite, inutiles à leur pays comme à eux-mêmes, occupés seulement à fronder à voix basse un pouvoir qu'ils étaient impuissants à ébranler. Cette attitude inflexible et hautaine, ces airs de victimes orgueilleuses de leur supplice, cette muette protestation contre une politique qu'ils n'osaient pas attaquer en face, paraissaient intolérables chez des partis vaincus : elles excitaient l'indignation et presque le dégoût de ceux qui, plus avisés ou plus sages, avaient su faire bonne mine à la fortune, et se montrer vraiment des hommes de leur temps. On reprochait surtout aux anciens partis leur silence de mauvais augure, et le caractère purement passif de la résistance qu'ils opposaient au pouvoir ; on leur faisait une espèce de crime de l'impuissance même où ils étaient réduits. « Vous le voyez bien, s'écriait-on, la liberté n'est pour eux qu'un prétexte, car voici déjà qu'ils en désespèrent. S'ils ne voulaient que la liberté, ils oublieraient les discordes civiles, ils viendraient à nous avec confiance, ils accepteraient la main que nous leur tendons, ils entreraient dans nos conseils, ils murmureraient leurs avis à l'oreille du prince, et ils attendraient sans impatience les effets de sa justice et de son amour. Mais non ! ce sont des factieux, des hypocrites, des égoïstes, des *ennemis systématiques*, des *émigrés à l'intérieur*. C'est vainement qu'on leur accorderait les libertés qu'ils réclament : ils refuseraient de s'en servir, pour avoir encore le droit de se plaindre et de conspirer contre nous. Si nous leur donnions ces libertés, ils auraient bientôt replongé la France dans l'anarchie où ils l'avaient mise quand nous sommes venus la sauver de leurs mains ! »

C'étaient là des frayeurs exagérées, des timidités indignes de la haute idée que le gouvernement impérial voulait nous faire concevoir de sa force. Il faisait trop d'honneur aux anciens partis en s'alarmant à ce point de leur malveillance. Que pouvait contre lui cette phalange d'hommes découragés, dispersés par l'exil, désarmés par les lois, et occupés seulement à bien mourir? On devait s'étonner qu'un gouvernement appuyé sur dix millions de suffrages prît autant de souci d'une opposition qu'il appelait lui-même « une minorité sénile. » Si les anciens partis n'étaient que des coteries surannées, condamnés à périr sans laisser de traces, il y avait peu de sagesse à s'occuper de leurs murmures, peu de grandeur à venir les troubler dans la retraite obscure où ils achevaient de s'éteindre.

Cependant, nous en convenons volontiers, l'opposition des anciens partis n'était pas un péril imaginaire. Sans être aussi redoutable que le gouvernement se plaisait parfois à le dire, elle ne méritait pas tout le mépris qu'il affectait quelquefois pour elle. Ce n'était pas qu'elle gênât en rien l'exercice actuel du pouvoir; ce n'était pas qu'elle eût l'espérance de lui imposer une politique libérale, ni encore moins, à cette époque, la prétention de le convertir. Quant à le renverser, c'eût été folie de l'entreprendre, et nul ne pouvait seulement y songer, même parmi les plus impatients. Le vrai danger des anciens partis était dans leur inaction même.

Quand un gouvernement nouveau et d'origine irrégulière rencontre des partis qui lui opposent le souvenir de la liberté proscrite, et lui reprochent, par leur seule présence, la manière dont il s'est élevé au pouvoir; quand cette opposition, toute morale et renonçant à une lutte inutile, se contente de rester à sa place et de se réserver pour l'avenir, le gouvernement qu'elle refuse de reconnaître peut avec raison s'en alarmer. Une opposition ouverte, hardie, injuste même, telle que les gouvernements libres la tolèrent, est moins dangereuse, en pareil cas, qu'une abstention hautaine et menaçante. L'opposition légale, si vive qu'elle puisse être, est un hommage aux lois établies, et suppose toujours, plus ou moins, la reconnaissance implicite du pouvoir; l'abstention, au contraire, si patiente et si résignée qu'elle paraisse, est de toutes les formes de protestation, celle que les gouvernements doivent redouter le plus. Reste à savoir si l'on a le droit de s'en plaindre, quand on l'a soi-même rendue nécessaire, en rendant toute opposition légale impossible. Un gouvernement qui se conduit de la sorte ressemble à un capitaine de navire qui se plaindrait de la paresse de ses matelots, après avoir fait garrotter et descendre à fond de cale la meilleure partie de son équipage.

Un jour, enfin, le gouvernement parut comprendre ce qu'un tel rôle avait de ridicule et d'odieux. Il reconnut lui-même qu'il « manquait de contrôle, » et il annonça l'intention vertueuse de se laisser discuter plus librement. La porte des assemblées représentatives fut de nouveau entr'ouverte aux hommes des anciens partis. On les exhorta de tous les côtés à rentrer dans la politique active; on eut l'air de solliciter et d'encourager leurs critiques. Aussitôt l'abstention fut abandonnée; les anciens partis sortirent immédiatement de leur retraite. A l'opposition sourde et silencieuse succéda l'opposi-

tion régulière et légale. Ces hommes qu'on accusait de désespérer de leur pays et de ne plus rien attendre que du hasard
des révolutions, se remirent en campagne au premier signal, à
la première apparence de liberté. On les vit, malgré leur âge
et malgré leur défiance légitime, recommencer l'œuvre de
toute leur vie, briguer les suffrages populaires, descendre cou-
rageusement dans l'arène où le gouvernement les avait appelés.
Malgré l'avarice des concessions du 24 novembre, ils pensèrent
qu'il fallait les prendre au sérieux; ils se firent un point d'honneur d'accepter cette lutte inégale. Ils se décidèrent à prêter
serment à l'Empire, s'engageant de la sorte à oublier son origine, s'il la faisait pardonner par ses actes, et à ne le juger que
suivant ses mérites, comme tout autre gouvernement établi.
Ils se dirent qu'en acceptant ce rôle, ils devaient se faire une
loi du désintéressement le plus rigoureux. Ils formèrent enfin
cette patriotique *Union libérale*, cette coalition honnête et sage,
qui n'excluait aucun parti, ne prétendait à aucun pouvoir, ne
réclamait que les libertés compatibles avec tous les gouvernements du monde et les droits indispensables à toute nation
qui se possède elle-même : union conservatrice autant que
libérale, et qui aurait pu devenir un appui pour le gouvernement qui aurait su s'en servir.

Telle fut la réponse des anciens partis aux reproches des
serviteurs de l'Empire. On pourrait croire que, depuis lors, ces
derniers ont cessé de se plaindre : il n'en est rien, cependant.
Leur humeur est plus intolérante, leur hostilité plus acharnée
que jamais. Seulement, le thème de leurs accusations a changé.

On ne reproche plus aux vieux partis leur abstention systématique et leur éloignement des affaires, mais, au contraire, leur
activité, leur zèle excessif, leur empressement à faire usage des
armes qu'on leur a rendues. On ne leur reproche plus de traiter nos institutions comme une comédie; mais on les blâme,
au contraire, de trop vouloir les prendre au sérieux. On ne les
accuse plus d'un rigorisme intraitable et d'une vertu par trop
farouche; on les accuse, tout au contraire, de mettre leurs intérêts avant leurs principes. Ce ne sont plus, en un mot, nos
divisions qu'on regarde comme coupables; c'est notre union
qu'on trouve immorale et dont on cherche à nous faire un
crime. C'est, dit-on, une chose scandaleuse et un manque de
dignité déplorable, quand d'anciens adversaires politiques,
comme ceux que l'opposition réunit à cette heure, font semblant de se réconcilier à la face du pays, et ne rougissent pas
de se concerter publiquement pour faire au gouvernement une
guerre déloyale. Cela s'appelle, en effet, une *coalition*, et les
coalitions, surtout quand elles prennent la liberté pour prétexte, sont aux yeux des gouvernements un objet d'abomina-
tion et d'horreur. Nous n'avons, à ce qu'il paraît, échappé au
péché de l'abstention que pour tomber dans un vice encore
plus grand et plus odieux.

On voit que le gouvernement est plein de scrupules délicats,
et qu'il prend de notre honneur le souci le plus noble et le
plus touchant. Le mauvais état de notre conscience lui inspire
les plus vives alarmes. Quoi que nous fassions, nous sommes
certains de blesser sa morale austère. Si nous nous abstenons,

nous sommes des rebelles; si nous essayons d'agir, nous sommes des factieux. Si nous nous divisons, nous sommes des égoïstes; si nous nous unissons pour être libres, nous sommes des hypocrites et des révolutionnaires déguisés. Cependant, comme il faut choisir et prendre un parti, nous allons interroger notre conscience, et voir si vraiment nous sommes d'aussi grands coupables que nos adversaires le proclament.

I

Le principal reproche adressé par le gouvernement à la coalition libérale, c'est qu'elle n'a pas un corps de doctrines, un principe ferme et invariable qui s'étende à tous les sujets; c'est qu'en réclamant la liberté, elle ne sait pas l'usage qu'elle en veut faire et la politique qu'elle compte substituer à celle qu'elle combat à cette heure; c'est qu'elle n'a pas de système exclusif ni de programme de gouvernement rédigé d'avance; c'est que les divers partis qui la composent ne s'accordent pas dans toutes leurs idées, et qu'ils sont unis par une hostilité commune plutôt que par une mutuelle amitié; c'est qu'on y rencontre côte à côte les opinions les plus opposées; c'est qu'on y voit servir dans les mêmes rangs des partisans du droit divin et des adorateurs de la démocratie, des dévots du pouvoir temporel et des exterminateurs de la papauté, des croyants exaltés et des philosophes libres-penseurs, des sceptiques indulgents de l'école parlementaire et des fanatiques de l'athéisme érigé en dogme religieux. Que peut-il y avoir de commun entre des esprits si différents et entre des passions si contraires? Quel intérêt légitime et avouable, quel sentiment patriotique et honnête peut rassembler dans l'opposition des hommes qui se proscrivaient hier et qui s'injurient encore à l'occasion? La soi-disant « union libérale » n'est donc pas, à vrai dire, un parti. Les éléments dont elle se compose ne peuvent être unis que pour détruire. C'est une mêlée confuse et passagère entre des factions animées d'une fureur commune, et qui, sitôt leur œuvre de destruction accomplie, se remettraient à se déchirer entre elles. Elle ressemble à ces bandes de pirates qui se recrutent dans toutes les nations, et qui n'ont d'autre lien que le goût du pillage. Elle a beau s'envelopper des apparences de l'opposition légale, elle n'est et ne sera jamais qu'une insurrection.

Eh bien, soit, nous acceptons le mot. Oui, l'Union libérale est une grande insurrection contre les abus du gouvernement personnel, contre la prétention qu'ont certaines gens de régenter nos affaires et de savoir mieux que nous ce que nous voulons. Oui, sans doute, l'Union libérale veut détruire; elle veut détruire le système humiliant des candidatures officielles et la toute-puissance déplorable d'une administration sans contrôle. L'Union libérale ne représente ni la royauté, ni la république, ni 1830, ni les journées de juin, ni le pape, ni Voltaire; elle représente tout simplement la souveraineté de la nation, la liberté électorale qu'on violente sous nos yeux sans pudeur, la grandeur de la France qu'on a compromise, l'ordre dans les finances qu'on a gaspillées, la publicité et le contrôle dans toutes les branches du gouvernement. Elle représente, en un mot, l'opinion commune de tous ceux qui veulent être libres et veiller par eux-mêmes au gouvernement de leur pays. C'est là un principe qui en vaut bien d'autres et qui intéresse plus les bons citoyens que la question du *Syllabus* ou la théorie des nationalités.

Pour juger le parti libéral, il faut le mettre en regard du parti officiel. Si nos adversaires veulent s'expliquer pourquoi nous sommes unis, qu'ils prennent la peine de se considérer eux-mêmes. Est-ce qu'ils ne sont pas unis pour nous combattre? Est-ce qu'à chaque instant la machine administrative ne pèse pas de son poids énorme sur l'existence et sur la conscience de chacun? Est-ce que le gouvernement n'affiche pas la prétention, le devoir même, de nous guider dans tous les actes de la vie publique? N'intervient-il pas dans les élections entre les citoyens et leurs mandataires? Ne veut-il pas choisir lui-même ceux qui sont chargés de le contrôler? Ne fait-il pas la guerre à tout esprit d'indépendance comme à un germe d'opposition qu'il faut étouffer? L'existence de l'Union libérale ne se comprend, en vérité, que trop bien. Elle se compose de tous ceux qui ne veulent pas donner un blanc-seing au pouvoir, ou qui, las de lui en avoir trop donné, se refusent à renouveler indéfiniment un vote de confiance qui serait une abdication.

Qu'arriverait-il, d'ailleurs, si nous retournions ce reproche, et si nous demandions, à leur tour, à nos adversaires, quel est le principe qu'ils représentent, quel est le programme auquel ils s'attachent, quelle est l'idée commune qui les lie? Puisqu'ils reprochent à l'Union libérale de ne pas avoir une politique arrêtée sur toutes les questions du temps présent, il faut supposer qu'ils en ont une, et qu'elle éclate dans leurs actes. Mais quelle est-elle? Est-ce celle d'hier, celle d'avant-hier, celle d'aujourd'hui, celle de demain? Celle même d'aujourd'hui est-elle bien certaine, et peuvent-ils clairement la définir? Plus que tout autre, le parti officiel obéit aux intérêts et aux impressions de chaque jour; moins que tout autre, il se pique de cohérence et d'unité. Il suffit, pour s'en convaincre, de jeter un coup d'œil sur les élections : les candidats fortunés qui se présentent sous le patronage du gouvernement de l'Empereur sont loin de professer des opinions semblables sur tous les points. Celui-ci est un catholique fervent, l'enfant chéri du clergé, le défenseur fougueux du pouvoir temporel, qui souscrit au denier de Saint-Pierre, et agite encore, à l'occasion, un reste de drapeau blanc; celui-là est un vieux jacobin qu'exaspère la vue d'une soutane, et qui met volontiers son drapeau rouge sous la protection de l'aigle impériale. Ici, c'est un bourgeois paisible qui est satisfait de l'état du monde, et qui demande en grâce qu'on n'y change plus rien; là, c'est un paladin révolutionnaire, qui voudrait affranchir tous les peuples et refaire chaque année la carte du globe. Ils ne se ressemblent que par leur dévouement uniforme et par leur soumission implicite à tout ce qu'il plaira au gouvernement de prescrire. Leur commune obéissance au pouvoir est le seul lien qui les réunisse; leur croyance au gouvernement absolu est la seule foi qui leur soit commune. S'il est vrai que l'Union libérale soit une insurrection permanente contre les pouvoirs établis, alors le parti du gouvernement n'est qu'une conjuration perpétuelle contre les libertés et contre les droits du pays.

Nos adversaires ont mauvaise grâce à tant s'indigner contre nous; ce n'est pas à eux de se voiler la face quand on prononce le mot de coalition. Qu'est-ce donc que le parti officiel si ce n'est de toutes les coalitions la plus docile, la mieux disciplinée, la plus compacte, et aussi la plus incohérente, je n'ose dire la plus immorale? On l'a remarqué bien souvent, les amis du gouvernement ne viennent pas tous de la même paroisse. Il y a parmi eux toutes les mêmes nuances et toutes les mêmes divisions que chez nous. Parlementaires, légitimistes, républicains, socialistes même, la coalition officielle s'est recrutée dans tous les camps, ni plus ni moins que la coalition libérale. Si l'élite de chaque troupe a généralement préféré la seconde, la foule des anciens partis est allée grossir la première; telle est la seule différence entre les deux. Assurément, pour beaucoup de grands hommes manqués des régimes antérieurs, la joie d'être délivrés d'une concurrence redoutable et de voir tout à coup s'aplanir la route de la fortune et des honneurs, a dû modifier bien des convictions fermes et inspirer bien des dévouements profonds. Mais ces conversions ont été tardives, elles n'ont pu effacer complétement l'empreinte des erreurs premières, et c'est vraiment une merveille de voir avec quel ensemble le gouvernement fait mouvoir des hommes d'opinions si différentes et d'habitudes d'esprit si opposées. S'il est vrai que les membres de l'opposition ne puissent se regarder sans rire, les partisans du gouvernement, qui ont, paraît-il, la conscience plus tendre, ne doivent pas se rencontrer sans éprouver les uns pour les autres une véritable antipathie.

2

Depuis le légitimiste puritain et boudeur qui après vingt ans de jeûne et de pénitence, est rentré dans les antichambres et chevauche, en attendant mieux, aux portières de la cour, jusqu'au démocrate farouche qui la veille du jour où la République est tombée, jurait encore une fois de mourir pour elle, et qui garde son bonnet rouge dans la poche de son habit brodé; depuis le proudhonien courtisan qui salue dans le souverain, l'ennemi couronné de la bourgeoisie, jusqu'au conservateur timoré que le seul nom du socialisme épouvante, et qui se croirait toujours la tête sous le couteau de la guillotine, si l'Empereur n'était pas là pour le protéger, que de variétés curieuses du genre officiel, et comme on pourrait rire aux dépens du « grand parti conservateur » sur lequel s'appuie l'Empire, si l'on tenait à lui rendre œil pour œil et dent pour dent! Combien de loups déguisés dans la bergerie pour quelques moutons naïvement fidèles! Si l'on retranchait tous les convertis du lendemain et tous les courtisans du succès, combien resterait-il d'amis sincères? Cependant tous ces hommes appartiennent au même troupeau, mangent au même râtelier, portent le même uniforme, acclament les mêmes passages des discours ministériels, et votent avec une touchante unanimité pour tout ce que le gouvernement propose. Pourquoi serait-il interdit à l'opposition libérale d'imiter, même de bien loin, cet exemple, et d'essayer de mettre à son tour quelque discipline dans ses rangs? Par quel mystère ce qui est une vertu chez les amis de la politique impériale deviendrait-il criminel chez ceux qui la désapprouvent?

On n'en peut donner qu'une raison : c'est que les amis du gouvernement ne sont pas comme nous, libres de leurs actes; c'est qu'ils portent la livrée du pouvoir, et qu'ils ont pour métier d'obéir aux injonctions qu'ils reçoivent. C'est qu'en mendiant ou en subissant le patronage officiel, ils ont abjuré toute prétention et toute faculté d'indépendance; c'est qu'ils sont les créatures du gouvernement qui les a choisis pour le servir, et qui leur fait assez rudement sentir leur vasselage en les chassant dès qu'ils se plaignent ou qu'un favori nouveau convoite leurs dépouilles. C'est qu'ils n'ont pas à écouter la voix secrète de leur conscience, ni à consulter leur sentiment ou leurs préférences personnelles, mais à prendre leur consigne, et à l'exécuter. C'est qu'enfin, le parti du gouvernement n'est pas, à ce qu'il paraît, un parti, mais une armée dressée à l'obéissance passive, et dont la volonté de son chef est la seule loi. Qu'ils servent dans l'aile droite ou dans l'aile gauche, tous les soldats du gouvernement n'en suivent pas moins le même drapeau. Ils n'ont à se préoccuper ni des alliances qu'on leur fait conclure, ni du caractère des compagnons qu'on leur donne. La pensée qui les dirige est celle du maître, et l'on ne pourrait sans injustice les rendre responsables de ce qui ne les regarde pas.

Cette doctrine, hélas! n'est pas nouvelle en France, et nous ne nous étonnons pas que les amis du gouvernement la professent. Il y a une espèce de superstition qui s'attache, dans notre pays, au seul nom de l'autorité. C'est une œuvre sainte que de lui obéir, et ceux qui se dévouent à cette noble tâche semblent investis par cela même d'un pouvoir supérieur à la morale vulgaire et aux lois établies pour le commun des hommes. Aux amis du gouvernement toutes les libertés, toutes les faveurs, toutes les licences; à ses adversaires toutes les prohibitions, toutes les vexations, toutes les menaces. Qu'un fonctionnaire trop passionné blesse la loi qu'il est chargé de défendre, qu'un écrivain bien pensant outrage et calomnie les meilleurs citoyens de son pays, il se tirera d'affaire en disant qu'il protége la société. Que le citoyen outragé se révolte et fasse appel à la protection des lois, on lui répond qu'il est un factieux, et on le dénonce comme un ennemi public. Ce droit divin des anciens temps est remplacé par une puissance devant laquelle tout s'incline, et à laquelle on sacrifie tout ce qu'il y a de véritablement respectable. L'autorité, c'est le nom de cette nouvelle idole, répand des grâces spéciales sur quiconque se voue à son culte, et elle entoure chacun de ses actes d'une sorte de caractère sacré.

L'opposition, nous l'avouons sans peine, n'a aucun titre analogue au respect de la foule et à l'indulgence des lois; ajoutons même qu'elle est loin d'y prétendre. Elle met précisément son orgueil à ne servir personne que la liberté. L'armée qu'elle a recrutée dans tous les partis et qu'elle emploie à une lutte légale contre les pratiques du gouvernement absolu, n'est pas une armée de prétoriens et de mercenaires; c'est une armée de volontaires, unis par un besoin commun, mais qui ne relèvent que de leur conscience et de leur raison. Les opinions qu'elle soutient sont bien les siennes, celles de chacun de ses adhérents. Pour tout dire, en un mot, elle ne dépend que d'elle-même. Telle est la seule différence qu'il y ait entre l'opposition et le parti du gouvernement : l'un est la coalition de l'obéissance, l'autre la coalition de la liberté. Mais ils sont tous les deux, au même degré, des coalitions d'anciens partis.

II

On le voit, si le parti officiel était jugé d'après ses propres maximes et avec une sévérité pareille à celle qu'il nous montre, il serait trop aisé de le confondre. Il y a, entre ses actions et ses paroles, une contradiction vraiment insolente. Nous n'essaierons pas de faire ressortir ce constraste ; nous ne jouerons pas au gouvernement le mauvais tour de le prendre au mot et de lui appliquer rigoureusement ses propres doctrines. Nous ne lui contestons pas le droit de former des coalitions, même contre nous, même contre les libertés de la France. Nous croyons qu'il fait de cette faculté un usage déplorable, funeste pour lui-même et surtout pour le pays. Mais, enfin, nous ne lui disputerons jamais son droit, car nous n'entendons pas qu'il nous dispute le nôtre. Pour que la liberté soit véritable, il faut qu'elle se laisse attaquer librement. Puisque nous sommes coalisés pour être libres, que nos adversaires, à leur tour, se coalisent pour ne pas l'être. Qu'ils nous combattent de tous leurs efforts, et qu'ils s'unissent pour mieux nous vaincre. Rien n'est plus légitime et plus naturel.

Mais le parti du gouvernement ne se contente pas de suivre notre exemple et d'user largement du droit qu'il nous conteste. Lui, si austère en théorie, et si plein de scrupules quand il s'agit de nous, il montre dans la pratique une absence de préjugés et une largeur de vues tout à fait édifiantes. Qui le croirait? C'est au moment même où il accable l'Union libérale de son majestueux rigorisme, qu'il travaille à faire alliance avec la démocratie la plus avancée et à se servir des passions révolutionnaires pour combattre les efforts de l'opposition légale. Bien loin de nous fournir le modèle des vertus qu'il nous prêche, et que nous ne lui demandons même pas de pratiquer, c'est lui qui nous donne l'exemple de la coalition la plus surprenante, la plus audacieuse, la plus dénuée de préjugés qui fût jamais!

La chose est si invraisemblable, que nous avons nous-même peine à y croire. Quoi! c'est un gouvernement qui se vante d'avoir sauvé l'ordre et de protéger les intérêts conservateurs contre les entreprises révolutionnaires, — qui, dans tous les cas, représente le système du gouvernement personnel et de la résistance constante à la liberté, — c'est ce même pouvoir qui appelle à son aide et qui enrôle à son service ceux qui devraient être ses plus grands ennemis! Ce seraient les représentants du principe de la démocratie radicale qui consentiraient à devenir les auxiliaires du césarisme, et à préparer le succès du pouvoir en divisant le parti de la liberté ! Pareille connivence est-elle admissible? pareille confusion peut-elle se concevoir? N'est-ce pas là une de ces calomnies que les anciens partis savent répandre pour déguiser leur faiblesse? — Les faits sont là qui nous répondent : dans presque toutes les élections qui ont eu lieu depuis cinq ou six ans, et que l'opposition a disputées aux candidats de l'Empereur, la politique officielle s'est efforcée de ménager une alliance entre la dictature administrative et certain sentiment démagogique obscur qu'elle a tâché d'éveiller à son profit. Est-il besoin de récapituler des faits qui sont présents à la mémoire de tous? Qui ne se rappelle, par exemple, les moyens employés dans une élection récente, pour faire échouer un de ces hommes qui sont l'honneur de leur pays, et qui devraient avoir leur place marquée dans toutes les assemblées politiques? Qui ne se souvient du rôle joué par certains journaux qui appartiennent ou prétendent appartenir à l'opinion démocratique avancée? Qui ne sait que ces feuilles injurieuses, pleines de calomnies contre le candidat libéral, furent répandues à milliers par les soins de l'administration, sinon même aux frais du Trésor public? Qui ne se rappelle avec dégoût le double langage de la presse officielle, spéculant tour à tour sur les plus mauvais sentiments de chacun, ne rougissant pas de se contredire impudemment d'un jour à l'autre, traitant d'aristocrate et de réactionnaire celui qu'elle dénonçait la veille comme un jacobin, effrayant les conservateurs, ameutant les révolutionnaires, soufflant partout les passions de la guerre civile? Qui peut oublier surtout l'accent de triomphe avec lequel fut célébrée cette nouvelle et étrange alliance? C'est le gouvernement lui-même qui s'en vante, et nous sommes bien forcés d'y croire. Et ces *candidatures ouvrières*, dont le bon sens des habitants de nos villes a, jusqu'à présent, fait justice, par qui sont-elles donc suscitées, si ce n'est par le gouvernement? Si, d'une part, il épouvante les conservateurs en agitant à leurs yeux le spectre rouge, de l'autre il excite les radicaux en leur dénonçant les conservateurs ; pour combattre les opinions modérées et libérales, il tend la main à tous les partis extrêmes. Il a déjà dans son camp les indifférents, les peureux, les obéissants par nature ; il veut y joindre à présent les fanatiques. Il est trop évident qu'il y a là un système que nous allons voir se produire aux élections prochaines, système nouveau, hardi, original, et qui laisse bien loin en arrière les timides entreprises de l'opposition.

III

C'est ce système que nous voudrions juger à notre tour.
Nous sentons ce qu'il y a de téméraire à passer ainsi du banc
de l'accusé au siége du juge. Mais qu'on en soit bien convaincu,
nous n'avons aucun parti pris d'irrévérence. Nous exerçons
simplement de légitimes représailles. Examinons donc sincèrement quelles sont les règles morales qui doivent présider aux
coalitions politiques, à quelles conditions ce droit incontestable
peut être légitimement et honnêtement exercé.

Car nous tenons, nous aussi, à ce que les coalitions soient
honnêtes. Nous ne sommes pas de ceux qui pensent que tous
les moyens sont bons pour réussir. Nous ne pouvons nous résigner à croire, comme beaucoup de gens nous le prêchent, et
comme notre histoire contemporaine tendrait malheureusement
à nous l'enseigner, que la politique est un jeu pervers où tout
soit permis. L'honnêteté que nous exigeons du gouvernement,
nous ne l'exigeons pas moins du parti libéral.

A quoi se reconnaît cette honnêteté supérieure ? En quoi
consiste cette dignité morale que les partis doivent garder in-
tacte au milieu des fluctuations et des nécessités de la vie publique ? Faut-il par hasard la placer dans une susceptibilité
exigeante et jalouse, dans une sorte de misanthropie et de malveillance universelle à l'égard de toute opinion qui s'écarte de

la nôtre ? Faut-il refuser tout contact et entrer en hostilité déclarée avec quiconque pense autrement que nous? Pour faire cause commune dans un cas donné, et travailler ensemble à une œuvre commune, est-il nécessaire d'avoir sur toute chose des opinions absolument semblables? — Qui donc oserait soutenir une absurdité pareille? Si nos opinions et nos préférences personnelles sont choses sacrées et inviolables que nous devions imposer tout entières et dont il soit interdit de rabattre, s'il y a dans tout compromis quelque chose de déshonorant et de coupable, alors il n'y a plus de société possible; nous devons renoncer à toute entreprise commune, à toute idée d'intérêt public, à toute alliance, à toute protection mutuelle: la vertu nous oblige à nous isoler les uns des autres, sinon à nous combattre sans relâche et sans nous accorder jamais.

Est-ce là le genre d'honnêteté que nous voulons exiger des partis? A Dieu ne plaise que nous leur enseignions des préceptes aussi ridicules ! Qui ne rirait de voir une pareille morale appliquée aux choses de chaque jour? Qui ne s'indignerait des conséquences absurdes et odieuses auxquelles cette morale entraîne? Qu'on se figure, par exemple, un voyageur qui abandonne son compagnon de route, et qui le laisse dévaliser ou assassiner sous ses yeux, sous prétexte qu'ils n'ont pas les mêmes opinions politiques; un matelot qui refuse de travailler aux pompes quand le navire fait eau, sous prétexte qu'il est catholique et qu'il y a des protestants à bord. Nous sommes dans un siècle financier et les affaires tiennent une grande place dans la vie des hommes de notre temps. Quel est celui d'entre eux qui s'aviserait de ruiner une entreprise où il aurait des capitaux engagés, parce qu'une autre personne intéressée dans la même affaire se trouverait avoir des opinions différentes sur la liberté des banques ou sur la protection de l'industrie nationale? Refuserons-nous l'aumône à un malheureux parce qu'il nous la demande dans une langue étrangère? Nous laisserons-nous mourir de faim, pour ne pas manger le pain d'un ennemi? Ceux qui professent de pareils scrupules, sont des fanatiques ou des imbéciles. L'Église catholique elle-même ne dédaigne pas aujourd'hui de se coaliser avec la philosophie spiritualiste pour repousser les attaques des matérialistes et des athées. C'est notre droit et même notre devoir de savoir, quand il le faut, réserver une partie de nos convictions intimes, soit pour nous défendre contre un ennemi commun, soit pour atteindre un but supérieur et un bien général qui profite à tous.

Nous ne voyons pas pourquoi il en serait autrement dans la politique. Comment! quand il s'agit de nos affaires privées, nous ne nous faisons pas scrupule d'invoquer l'appui d'intérêts étrangers au nôtre; et quand il s'agit des affaires publiques, des affaires de tous, nous nous interdirons de faire appel à la conscience et à l'intérêt de tous! Quand il s'agit d'un acte de justice et d'humanité privée, nous n'hésiterons pas à tendre la main à des adversaires, et nous refuserions notre alliance à des concitoyens qui réclament avec nous la simple possession de leurs droits? Pourquoi les règles de l'honnêteté seraient-elles à ce point différentes? Si la morale publique diffère de la morale privée, c'est seulement en ce sens que la grandeur des intérêts en jeu doit obliger les opinions et les sentiments individuels à s'effacer davantage. Il faut donc en finir avec ces préjugés ridicules qui existent dans notre pays contre les coalitions politiques : elles sont plus qu'un droit dont on use, elles sont un devoir pour tous les hommes sages et pour tous les bons citoyens. Quand l'ennemi du dehors envahit le territoire, quand l'existence de la patrie est menacée, on ne se demande pas qui prend les armes, ni à côté de qui l'on va combattre; ou si, par hasard, on se le demande, c'est grand'pitié pour le pays. Il en est de même quand il s'agit de défendre ou de reconquérir nos libertés, qui sont une part de notre honneur national. On conçoit que cette union des bons citoyens de tous les partis déplaise aux ambitieux qui placent tout leur espoir dans nos préjugés et dans nos rancunes; on comprend qu'elle soit en horreur à un gouvernement qui trouverait plus commode de n'avoir en face de lui qu'une opposition réduite en poussière. Mais c'est justement pour cela qu'elle est nécessaire, et que tous les honnêtes gens doivent y concourir.

Ainsi, bien loin d'exiger que les partis se gardent de tout mélange, nous regardons au contraire de pareilles alliances comme des preuves de désintéressement et de patriotisme, quand elles sont franches, sincères, et qu'elles n'ont pas d'autre objet que le bien public. Ce n'est pas la coalition qui est louable ou criminelle, c'est le but qu'elle se propose et la cause qu'elle soutient. Il est des coalitions dont on ne saurait trop faire l'éloge; il en est de malhonnêtes et de perfides. Nous voulons parler de celles qui n'ont pas de lien moral, et qui, n'étant formées que pour satisfaire des intérêts et des ambitions égoïstes, sont obligées de tenir à la fois plusieurs langages.

Le genre d'honnêteté que nous exigeons consiste dans la franchise. Une loyauté entière et mutuelle doit présider aux relations des partis. Nous voulons que tous les partis disent ce qu'ils aiment et ce qu'ils désirent; qu'aucun d'entre eux en déguise ses préférences; qu'aucun d'entre eux ne prétende les imposer violemment. Nous voulons qu'ils n'attendent rien que de la persuasion et de la bonne foi; qu'ils ne se proposent de réussir que par la libre adhésion et par l'union volontaire de leurs concitoyens; nous voulons surtout qu'en s'efforçant de les convaincre, ils n'emploient jamais que des arguments sincères, et ne fassent appel qu'à ceux de leurs sentiments et de leurs opinions qu'ils partagent eux-mêmes. Nous repoussons tout à la fois ce rigorisme affecté sous lequel se cachent trop souvent des ambitions personnelles, et ce machiavélisme sans pudeur qui prostitue indifféremment ses caresses à toutes les passions qui peuvent le servir. Pour juger une coalition politique, il ne s'agit pas de savoir si tous ceux qui la composent sont exactement du même avis; mais si l'on ne trompe personne, si l'on ne fait appel qu'à la raison, si les divers partis qui se coalisent sont unis par des besoins communs, des convictions et des volontés communes, ou s'ils sont alléchés par des promesses contradictoires et par des flatteries menteuses. Voilà quelles sont, à nos yeux, les conditions véritables de l'honnêteté politique; voilà suivant quels principes nous voudrions juger tous les partis.

IV

Nous pouvons le dire à haute voix, si tels sont les principes de l'honnêteté politique, ce n'est pas à l'opposition
libérale de craindre aucune comparaison avec le parti officiel.
Si fort qu'on souhaite la durée du pouvoir actuel, si disposé
qu'on soit à lui attribuer tous les mérites, il est impossible de
ne pas reconnaître qu'il n'y a pas grande unité dans son langage.
Le voulût-il, d'ailleurs, il ne pourrait pas toujours être sincère,
à présent qu'il recherche la complicité de certains démocrates,
sans renoncer à l'appui des conservateurs extrêmes. Autrefois,
quand il se donnait pour le défenseur de l'ordre et le sauveur
de la société, il avait un rôle simple et facile à soutenir : mal-
traiter les factieux qui avaient résisté à ses entreprises, promettre aux hommes dociles la protection d'un gouvernement
fort, que n'effrayaient pas les menées révolutionnaires, inviter la
France à un doux sommeil que ne viendraient plus troubler les
querelles inutiles des anciens partis. Mais à présent ces beaux
jours sont passés ; le gouvernement compte avec les partis ; il
est tiraillé en sens divers ; jusqu'au jour où il acceptera loyalement la liberté, sa politique intérieure doit être, comme celle du
dehors, un tissu de dissimulations, de complaisances fâcheuses
et de vagues promesses. Entre ses serviteurs de droite et ses
complices de gauche, il n'y a qu'un lien artificiel et fragile qui

ne peut être maintenu qu'à grand renfort de déguisements, d'alarmes et de menaces mutuelles. Opposés dans toutes leurs opinions, n'ayant pas une espérance commune, divisés non pas seulement sur la meilleure forme de gouvernement qui convienne à la France, ou sur le plus ou moins de libertés qu'elle doit obtenir, mais sur les fondements mêmes qu'il faut donner à la société française, ils ne peuvent s'unir que par leurs cupidités, par leurs défiances et par leurs rancunes. Bien plus, il faut les contenir et les brider les uns par les autres, comme dans ces armées mêlées de réguliers et d'auxiliaires, où un général adroit soutient son pouvoir à la faveur même des méchantes passions qui les divisent. Aux socialistes qui sont les auxiliaires irréguliers, il faut laisser espérer le pillage du camp, le partage des biens, ou tout au moins une révolution prochaine qui les mette à la tête des affaires; aux réguliers, c'est-à-dire à notre bourgeoisie somnolente et timorée, il faut promettre la solde et les vivres, les traitements, les places administratives, les titres mesquins, les menus priviléges, toutes les satisfactions d'une vanité frivole, et le maintien du système qui étouffe nos libertés. Il faut surtout les séparer, les enfermer chacun dans son camp pour éviter qu'ils ne se connaissent : s'ils se connaissaient un peu davantage, ils cesseraient de se haïr et de se craindre, ils se modéreraient les uns par les autres, et ils s'entendraient pour mettre des limites à la puissance absolue de leur chef. Si la classe populaire détestait moins la bourgeoisie, si elle comprenait mieux les intérêts communs qui doivent les unir, elle serait moins indifférente aux combats de la liberté et du pouvoir. Si la bourgeoisie, de son côté, tremblait moins devant le parti populaire, elle aurait plus de goût pour la liberté. L'épouvante mutuelle que l'on éprouve est le principe de l'obéissance générale et le lien de la coalition officielle. Pour que cette coalition persiste, il faut que chacun des partis qui la composent se maintienne dans un état d'esprit semblable à celui de ce prisonnier satisfait, à qui la crainte d'un danger imaginaire faisait chérir les hautes murailles et les solides verrous de sa prison.

L'Union libérale, au contraire, a tout avantage à être franche : la sincérité ne lui coûte rien, car tout déguisement ne pourrait que lui nuire. Elle n'a, pour compenser les inconvénients de sa faiblesse numérique et de son infériorité matérielle, que l'appui d'une idée morale, qu'elle ne peut abandonner sans se perdre, et, à vrai dire, sans cesser d'exister. Elle n'a pas à compter sur l'obéissance machinale de ceux qui la servent. Son influence ne vient ni des places qu'elle peut distribuer, ni de la crainte qu'elle inspire, mais des idées qu'elle propage et du besoin public dont elle se fait l'expression. N'ayant que des partisans volontaires, elle a besoin d'avoir raison. Accuser l'opposition d'ébranler le gouvernement par la corruption, par le mensonge et par la menace, et de se servir hypocritement des ambitions cachées de tous les partis, c'est une absurdité qui n'a pas de sens ; tout le monde sait que les ambitions de parti seraient sa ruine, et sont dès aujourd'hui son plus grand embarras. Elle ne peut grossir ses rangs et devenir puissante qu'à la condition de faire appel à tous les bons citoyens de toute croyance, à la condition de leur

offrir un programme élevé au-dessus de tous les choix de per-
sonnes et de toutes les préférences secondaires, fondé seulement sur les sentiments les plus naturels de la conscience
humaine, sur les leçons les plus évidentes de l'expérience et
sur les besoins les plus pressants du pays.

Ce ne sont là, nous dit-on, que des prétextes. L'Union libérale nous paie de paroles trompeuses ; elle excite de tout autres
espérances et s'adresse à de tout autres sentiments que ceux
qu'elle juge à propos d'exprimer ; elle ne laisse voir ni ses vrais
desseins, ni ses moyens d'action les plus puissants. Quelles
sont ces espérances secrètes ? où est ce but caché qui nous ras-
semble ? qui donc, enfin, trompons-nous ? — Est-ce un mystère
pour personne que chacun dans l'opposition a ses regrets et ses
préférences ? Est-ce que nous avons l'air d'en rougir ? est-ce qu'on
peut nous accuser d'hypocrisie les uns ou les autres ? Hélas ! bien
loin d'afficher mutuellement une tendresse trop vive et de nous
donner trop souvent des baisers qui ne partent que des lèvres,
notre plus grand tort est de ne pas toujours savoir imposer silence à nos passions devant l'intérêt souverain de la liberté
commune. Quant à ces projets qui enflamment l'Union libérale,
et qu'elle tient soigneusement cachés aux regards profanes, il
ne suffit pas de les accuser vaguement : il faut qu'on nous les
dise et qu'on les dénonce au pays. L'opposition est-elle légitimiste ? est-elle orléaniste ? est-elle républicaine ? elle est
tout cela sans doute, et elle n'est rien de tout cela. Elle
contient des légitimistes, des républicains, des parlementaires :
mais une fois réunis sous la bannière libérale, ils ne peuvent

plus être des hommes de parti; ils ne peuvent même plus, quels que soient leurs sentiments secrets, rester des « ennemis systématiques» de l'Empire. Ils ne doivent plus détester que l'arbitraire et aimer que la liberté, décidés à l'accepter si on la leur donne, à la racheter si on la leur marchande, à l'obtenir enfin, quel qu'en soit le prix.

Voilà les desseins de l'Union libérale : elle peut les avouer sans honte, sinon même avec quelque fierté. C'est une association patriotique de citoyens honnêtes, qui en présence de la confusion qui désole notre pays, se sont dit qu'il était bête et méchant de s'acharner dans des ressentiments stériles, et ont résolu d'oublier leurs dissidences pour se mieux consacrer au bien public. Cette union où ses ennemis veulent voir un trait de perfidie, est justement la preuve de leur désintéressement et de leur droiture. Cette variété d'opinions qu'on nous reproche comme un crime, est au contraire le signe de nos desseins pacifiques. Ce ne sont jamais les coalitions qui ont renversé les gouvernements loyaux, libéraux et sages, car les partis divers qui les composent ne peuvent s'entendre et se concerter que sur le terrain de l'opposition légale et de la résistance à l'oppression. Bien insensés ceux qui refusent de le comprendre, et qui ne voient pas que si l'Union libérale sortait jamais des voies légales pour devenir l'union révolutionnaire, ce serait contrairement à ses principes, et parce que le gouvernement l'y aurait forcée !

Et quand même nos sentiments intimes, nos désirs secrets seraient ce qu'on suppose? de quel droit, en vérité, viendrait-on nous en demander compte ? — Nous reprocherait-on, par hasard, de les reléguer au fond de notre conscience et de faire notre devoir de bons citoyens comme si nous avions oublié le passé? Le gouvernement préférerait-il que nous jetassions ce qu'il appelle notre voile? Pense-t-il que notre opposition serait plus respectable et plus légitime, si au lieu de lui redemander la liberté qu'il nous a prise, nous nous proposions de rétablir l'un ou l'autre des régimes déchus? Souhaite-t-il qu'au lieu de porter le titre simple et glorieux de *libéraux*, nous nous appelions comme autrefois républicains ou royalistes? On doit le croire à voir le zèle avec lequel ses amis nous encouragent à reprendre ces vieux noms si longtemps proscrits. Oui sans doute, il le désire, et c'est là le fond de toute sa politique; il le désire, car alors nous serions divisés, nous serions impuissants, la nation qui est lasse d'obéir, mais qui tient à son repos, se détournerait de nous avec terreur, et la liberté, l'éternelle victime, serait encore ajournée aux siècles futurs. Voilà le secret de la haine aveugle que le gouvernement a vouée à l'Union libérale. Ce n'est pas nous dans le fond qu'il craint et déteste, mais la liberté dont nous sommes les instruments. Si nous n'étions, comme il le prétend, qu'un ramassis d'ambitieux sans bonne foi, il ne nous ferait pas l'honneur de nous poursuivre d'une inimitié aussi tenace.

Il a du reste un moyen sûr de nous démasquer et de nous confondre : il peut, quand il le voudra, donner le coup de la mort à l'Union libérale et faire échouer ses affreux complots. Il suffit pour cela de nous rendre la liberté. Le lendemain, l'Union libérale n'a plus de raison d'être : elle se disperse, elle s'évanouit, elle s'envole en fumée, et la terrible coalition des anciens partis retombe dans son impuissance et dans sa confusion primitives. Le gouvernement ne nous fera-t-il jamais cette surprise? Ne nous jouera-t-il jamais le mauvais tour de nous arracher des mains nos propres armes? Ce n'est pas nous, du moins, qui nous en plaindrions.

V

A cette politique si simple, si loyale, et d'un effet si certain, il semble que le gouvernement préfère celle qui est contenue dans cette vieille et immorale maxime des hommes d'État du temps passé: il faut diviser pour régner. Il sait qu'il y a dans le cœur humain un penchant déplorable à la jalousie et à la trahison. La sagesse des nations lui enseigne qu'il n'y a pas d'inimitiés pareilles à celles qui s'élèvent entre frères. C'est sur cette triste infirmité que les conseillers du gouvernement fondent l'espérance de sa force et de sa durée. Ils espèrent, en excitant les anciens partis, les pousser les uns contre les autres, et leur faire oublier l'œuvre commune. Cette politique, il faut l'avouer, n'a que trop bien réussi jusqu'à ce jour. On se flatte que la même ruse aura toujours le même succès, et qu'il suffira d'échauffer les mauvaises passions des partis pour confisquer indéfiniment les libertés de la France.

Qu'on y prenne garde, pourtant: malgré l'apparence de succès qui le justifie, ce machiavélisme grossier pourrait bien être funeste au pouvoir. L'emploi de ces moyens détournés n'est pas moins dangereux pour le gouvernement lui-même qu'immoral et nuisible au pays. Ce n'est pas l'avenir de la liberté qui nous alarme: la liberté, momentanément abattue, finira toujours par renaître; elle rompra tous les liens fragiles sous lesquels on essaie de l'étouffer. Mais si le prestige du gouvernement venait à être compromis dans ces intrigues, si sa parole cessait d'inspirer confiance, s'il restait isolé au milieu des factions qu'il a soulevées lui-même, ce serait pour lui un mal irréparable, et beaucoup plus grand que ne lui en feront jamais les attaques de l'Union libérale.

« Diviser pour régner, » ce n'est plus là une maxime de notre temps. Cela pouvait être sage du temps de la vieille politique absolutiste, quand la force seule assurait le respect et quand la violence décidait de tout. Mais dans nos sociétés modernes, où malgré les apparences contraires, malgré les intervalles de dictature et les violences faites parfois aux nations, c'est l'opinion publique qui renverse ou maintient les empires, la maxime contraire est la véritable: il faut unir pour régner long-temps. Un pouvoir peut sortir du sein de l'anarchie; il peut grandir à la faveur des divisions civiles; il peut faire illusion quelques années à ses serviteurs et à ses ennemis eux-mêmes; mais il n'aura pas une longue durée s'il ne parvient pas à réconcilier les partis. On ne peut pas fonder un établisse-ment durable au milieu d'un sable mouvant.

Cette vérité s'applique surtout à la France, où le sol a été tant de fois labouré par tant de révolutions imprévues, et où se sont succédé depuis bientôt un siècle tant de gouvernements éphémères. Chacun de ces gouvernements a laissé derrière soi un parti, et chacun de ces partis, tour à tour victorieux ou vaincu, a appris, par d'étranges retours de fortune, à ne jamais désespérer de l'avenir. Leurs rancunes et leurs querelles sont un fléau pour la liberté, en même temps qu'un obstacle et un danger pour tout gouvernement nouveau qui s'établit. Elles disposent admirablement les âmes à accepter n'importe quelle dictature qu'on regarde comme provisoire et à laquelle on demande une trève d'une heure; mais elles ne les disposent pas moins à abandonner sans regret cet abri d'un jour. C'est grâce à elles que les pouvoirs naissants trouvent une si prompte et si facile obéissance; mais au delà de cette docilité machinale, ils ne peuvent plus rien obtenir. Ils tombent sans avoir poussé de racines profondes, léguant seulement à leurs successeurs quelques germes de divisions nouvelles et quelques nouvelles causes de révolutions.

Est-ce à dire qu'il n'y ait pas de remède au mal dont nous souffrons, et que la vieille politique des gouvernements absolus soit encore après tout la meilleure? — Oui, sans doute, si l'on ne prétend à rien qu'à une dictature d'un jour, ou si l'on veut, d'une vie humaine, si l'on considère le gouvernement comme un duel avec l'opinion publique ou comme un jeu de hasard où l'on doit tout risquer tous les jours. Mais quand on a des desseins à la fois plus respectables et plus élevés, quand on porte son ambition plus haut et plus loin, quand enfin l'on veut fonder une dynastie ou un système de gouvernement durable, la politique de division est la plus grande des folies. Ce qu'il faut alors, c'est une politique conciliante, indulgente, oublieuse du passé, qui se tienne à l'écart et au-dessus des querelles des partis, qui ne s'en alarme pas d'une manière ridicule, qui ne les encourage pas en spéculant sur elles, qui n'essaie pas de les étouffer par une persécution toujours vaine, ni encore moins de les irriter à plaisir, pour avoir l'occasion de s'en servir ou de s'en plaindre. Ce sont là de petits moyens qui trahissent la faiblesse et la peur. Un gouvernement vraiment fort ne s'occupe pas des anciens partis : il les ignore, il les néglige, il fait semblant de ne pas les voir. Quand d'honnêtes gens s'unissent pour le contrôler, il n'affecte pas de les traiter en ennemis; il aime mieux voir dans l'opposition légale un hommage à son pouvoir, qu'une attaque à son existence. Telle est la conduite d'un gouvernement qui se respecte et qui croit avoir pour lui l'avenir.

Nous voudrions pouvoir affirmer que cette politique prudente et digne est en tout point celle du gouvernement de la France. Qu'il nous permette de lui déclarer en toute franchise : sa politique actuelle est aussi imprudente qu'illogique. Il méconnaît ses intérêts véritables, et les moyens qu'il emploie pour régner sont de nature à compromettre son avenir. Dans ses efforts désordonnés pour disperser l'Union libérale, il attaque, sans y penser, le principe même de l'Union conservatrice sur laquelle il repose. En diminuant les forces de ses adversaires, il est si loin d'augmenter les siennes, qu'il mine au contraire ses propres fondements. Les mauvais exemples qu'il nous donne ne seront que trop imités. Les germes de division qu'il sème parmi nous lèveront surtout contre lui.

La modération est la première loi d'un gouvernement qui veut qu'on le respecte. C'est à la condition de rester neutre au milieu des querelles des partis, qu'il peut s'élever au-dessus d'eux et dédaigner leurs menaces. Mais quand les hommes qui font métier de le défendre, et qui se vantent de recevoir ses inspirations, donnent à l'opposition l'exemple de toutes les violences; quand l'administration ne craint pas de s'abaisser en descendant elle-même dans l'arène, et en se mesurant corps à corps avec les partis; quand toutes les ressources du pouvoir deviennent des instruments de guerre et des armes électorales; quand le gouvernement attache son existence au triomphe de telle opinion exclusive, et qu'il n'est lui-même, en un mot, que le gouvernement d'un parti, — alors il faut qu'il renonce à régner autrement que par la force. C'est lui-même qui provoque les attaques de ses adversaires. S'ils sont injustes ou violents, il n'a pas le droit de s'en plaindre, car c'est lui-même qui a voulu être un gouvernement de combat.

Vous qui reprochez à l'opposition d'être passionnée, défiante, exclusive, de ne vouloir pas rendre justice aux bonnes intentions du pouvoir, quelles leçons d'impartialité lui donnez-vous donc? — Vous prenez parti dans les plus petites choses: vous faites de toutes les questions des affaires d'État; vous ne craignez pas d'engager les intérêts du gouvernement et la responsabilité de l'Empereur dans une question de chemins vicinaux ou de maisons d'école; vous affichez des terreurs puériles et honteuses; vous faites semblant de croire que votre sûreté est compromise, si un conseil municipal vous résiste, ou si quelques électeurs ont l'audace de préférer un homme de leur choix au candidat désigné par vous; vous ne souffrez pas, tant l'amour de la domination vous tourmente, que rien se fasse en dehors de vous. Quiconque a le malheur de vous résister

une fois, vous le dénoncez et vous l'attaquez comme un ennemi. Vous réussissez peut-être à intimider les lâches; mais
vous repoussez tous les hommes de cœur qui voudraient se réconcilier avec vous.

Voilà comment vous apaisez les anciens partis; voilà comment vous les ralliez sous votre bannière. Vous passez votre
temps à les irriter les uns contre les autres, à ranimer tous
leurs ressentiments éteints, à rejeter l'opinion publique dans
l'anarchie et la confusion d'où vous vous flattiez de l'avoir tirée.
S'il y a quelque part une mauvaise passion, une haine aveugle,
une rancune égoïste et surannée, c'est vous qui allez la dé-
terrer sous les ruines de nos révolutions. Vous dites aux conservateurs : « Défiez-vous des libéraux, défiez-vous surtout du
peuple; les libéraux sont des révolutionnaires, le peuple est
votre ennemi naturel. » Puis, vous vous tournez vers les classes
populaires, et vous leur dites à leur tour : « Ne vous associez
jamais avec les bourgeois, défiez-vous de ces traîtres. La
liberté, c'est la réaction. Rentrez chez vous, attendez l'avenir,
et votez pour nos candidats officiels, qui, du moins, ne peuvent
pas vous porter ombrage. » En vous écoutant flatter ainsi les
passions les plus opposées, tout honnête homme n'aurait-il
pas le droit de vous répondre : « Qui êtes-vous donc, enfin, et
qui donc ici trompez-vous? »

Nous ne vous ferons pas cette question indiscrète. Nous
savons que vous n'êtes ni des conservateurs fanatiques, ni
encore moins des démocrates exaltés, mais des hommes
qui tenez au pouvoir et qui voulez le conserver à tout prix.

C'est à ce point de vue surtout que votre conduite est imprévoyante. Le double langage que vous tenez au pays ne réussit pas autant que vous le croyez, et il ébranle, chez bien des gens, la confiance qu'ils vous avaient accordée. Vous triomphez dans une élection, mais vous ruinez votre crédit pour celle qui suivra. Vous vous faites des alliés qui vous serviront un jour, parce qu'ils pensent y voir leur intérêt du moment, mais qui ne vous croient ni ne vous aiment, si même ils ne sont déjà vos ennemis.

VI

Le gouvernement, du reste, ne se fait aucune illusion sur la valeur et sur la durée de ses alliances : il en connaît le péril au moment même où il les recherche. Il sait qu'il ne se fait pas d'amis sûrs. Tout ce qu'il demande aux partis extrêmes, c'est qu'ils s'abstiennent. Il n'a pas besoin, pense-t-il, qu'on vienne à son aide, il lui suffit qu'on se désintéresse des affaires publiques. On peut le haïr, ce n'est pas là ce qui l'inquiète : il est satisfait pourvu qu'on lui abandonne le pouvoir et qu'on lui cède le terrain sans combat.

Comment! c'est le gouvernement lui-même qui encourage aujourd'hui l'abstention? Lui qui autrefois la redoutait si fort, et qui la reprochait aux anciens partis comme un crime d'État, à présent, il la flatte, il la vante, il la propose en exemple. A-t-il oublié déjà tous les dangers qu'il y voyait naguère? L'abstention est sans doute commode pour un gouvernement qui aime son repos; mais elle est en même temps un grand signe de faiblesse. Quand elle n'est pas le résultat forcé d'une oppression rigoureuse et le seul refuge de la liberté des consciences, elle cache soit une complicité perfide, soit un état de révolte permanente. Le citoyen qui veut la liberté de son pays, et qui néanmoins persiste à s'abstenir, — à moins, pourtant, qu'il n'ait les mains liées, — déclare par là qu'il renonce à toute espèce d'opposition légale, et qu'il ne sera pas satisfait à moins d'une révolution. C'est un homme de parti qui attend son heure en silence, et dont le ressentiment ne se laissera jamais fléchir. Il traite le gouvernement comme un malade incurable qu'il ne faut pas perdre son temps à guérir, comme un adversaire méprisable qu'il ne faut pas s'humilier à combattre. Non-seulement il ne croit pas que le gouvernement puisse se corriger, mais s'il croyait que cela fût possible, il ferait tout au monde pour l'empêcher. C'est un ennemi irréconciliable, qui vous refuse même le droit de vous repentir, tant il a peur d'être obligé de vous accorder son pardon. Ou bien, si la politique d'abstention n'est pas un calcul ou un raffinement de la haine, alors c'est la preuve d'une indifférence fondée sur la lassitude et sur le mépris. Le citoyen qui ne daigne pas prendre parti dans les luttes politiques, ne veut peut-être pas renverser le pouvoir, mais il ne pense pas non plus que le pouvoir mérite d'être défendu. Si ce n'est pas un ennemi, c'est un indifférent qui vous laissera faire, mais qui se gardera bien de vous soutenir.

Tel est donc, à ce qu'il paraît, le genre de patriotisme que vous admirez; telle est la conduite courageuse que vous nous proposez en exemple. Voilà le fondement solide sur lequel vous voudriez édifier l'éternité de votre puissance : l'hostile inaction des uns, la dédaigneuse indifférence des autres, l'obéissance machinale d'une foule inerte et mécontente ! — Vous voulez faire un désert autour de vous, afin d'y régner sans contrôle, comme si l'isolement était la puissance, et comme si le peuple, que vous éloignez des affaires, pouvait vous aider à en soutenir le poids!

Prenez-y garde! Quand un gouvernement prêche l'abstention, c'est qu'il craint l'opinion publique; quand il a peur de combattre ses adversaires en face, et qu'il emploie des subterfuges pour les vaincre, c'est qu'il n'est pas sûr d'avoir la franche adhésion du peuple. Il met le pays en suspicion et perd tout droit à sa confiance. Naguère, un ministre de l'Empire s'écriait que le gouvernement livrait le soin de sa défense au grand parti conservateur qui l'avait mis à sa tête, et qu'il s'enorgueillissait de représenter. Mais, comme le constatait tristement dans le Sénat un des amis les plus anciens et les plus chauds de l'Empire, le grand parti conservateur se décourage et ne répond plus guère à cet appel. Quand le gouvernement s'écrie : « Soutenez-moi contre l'esprit révolutionnaire, » les conservateurs ont quelque droit de lui répondre : « C'est, au contraire, à vous de nous défendre! Vous avez gouverné seul et sans nous; vous avez des procédés qui ne sont pas les nôtres; vous avez des alliés que nous sommes étonnés de trouver auprès de vous. Continuez à votre manière, nous restons spectateurs passifs. Tout ce que nous vous promettons, c'est notre patience; encore ne la garantissons-nous pas éternelle! »

Aussi les vrais conservateurs passent-ils dans les rangs du parti libéral. C'est là seulement que l'on travaille à cette œuvre d'union et d'apaisement, qui est bien l'œuvre de la conservation par excellence, et qui doit passer avant tous les intérêts de parti. Tandis que le gouvernement, et certaines factions qui se font ses complices, s'efforcent d'entretenir ou de réveiller toutes les vieilles haines, l'Union libérale les engage à ne se souvenir que des droits et des intérêts du pays. Tandis que le gouvernement nous enseigne à conspirer contre lui, l'Union libérale nous apprend à user des moyens légaux et à ne jamais désespérer de nos droits. Tandis que le gouvernement tient le pays dans l'état d'enfance, l'Union libérale le mûrit, lui donne des habitudes viriles et sages, le prépare aux grands événements et aux grands combats. Tandis que la politique officielle travaille à rendre impossible tout autre gouvernement qu'une dictature, l'Union libérale prépare le terrain pour tout gouvernement honnête et libre qui s'appuiera franchement sur l'opinion publique et qui saura lui céder à temps. Laquelle de ces deux politiques est la plus conservatrice? laquelle est la plus anarchique et la plus révolutionnaire? celle d'une opposition qui unit et qui fonde, celle d'un gouvernement qui divise et qui détruit?

Le gouvernement se trompe, quand il s'obstine à voir dans l'Union libérale un danger pour son avenir. Elle ne sera son ennemie que s'il le veut bien ; elle pourrait être, s'il le voulait, l'instrument de son salut. Elle a pour loi de ne pas s'attaquer à l'existence des gouvernements eux-mêmes, mais à leurs pratiques et à leurs principes, quand ils lui semblent mauvais. Elle est l'adversaire la plus redoutable des gouvernements qui préfèrent une obéissance machinale à un appui intelligent et libre ;

mais elle est le soutien naturel de tous ceux qui veulent être librement défendus. Le plus grand malheur qui puisse arriver à un gouvernement nouveau, c'est de ne rencontrer, au milieu des débris des révolutions passées, aucun fragment qui résiste encore, aucun principe d'union qui puisse remplacer la dictature. La plus grande faute qu'un gouvernement puisse commettre, quand une pareille union vient à se produire d'elle-même, c'est de la combattre et de l'étouffer.

Continuez donc, amis inintelligents du pouvoir, à entretenir la division des classes. Envenimez tant que vous le pourrez les haines des factions; interdisez-leur de se réconcilier et de s'entendre; n'ouvrez pour tout refuge aux hommes qui se lasseront de leurs querelles stériles, que l'asile du gouvernement absolu. Si vous réussissez, vous aurez sans doute ruiné les espérances de la liberté française, mais vous n'aurez pas consolidé le gouvernement de votre choix. Les anciens partis, rendus impuissants pour le bien, seront encore puissants pour le mal; les mauvaises passions que vous leur aurez prêchées se retourneront contre vous. Un gouvernement se condamne lui-même lorsqu'il conseille aux citoyens de chercher ce qui les divise plutôt que ce qui les unit.

VII

Ce spectacle, on peut nous en croire, nous attriste plus qu'il ne nous réjouit. Nous ne pouvons voir sans chagrin combien les gouvernements tirent peu de profit des leçons de l'histoire, et par quelle espèce de fatalité morale les fautes déjà commises entraînent à leur suite des fautes nouvelles. Mais ce qui nous afflige encore davantage, c'est le mal que cette politique fait à la France. Le gouvernement n'a trouvé que trop d'oreilles disposées à recevoir ses insinuations malfaisantes. Il lui a suffi de prononcer, en se tournant tour à tour vers les conservateurs et vers les radicaux, les deux noms de réactionnaires et de démagogues, et déjà ces deux mots magiques ont jeté le trouble dans une partie de l'Union libérale. Certains conservateurs se sont mis à craindre de travailler pour la révolution, en travaillant pour les libertés et pour le salut de la France. Certains démocrates ont poussé le cri de guerre contre quiconque ne se déclare pas « radical au degré suprême » et ne se range pas dès à présent sous le drapeau d'une certaine république. Des deux côtés on récrimine, on ressuscite d'anciens griefs qui devraient depuis longtemps être oubliés ; on néglige les besoins du présent pour se livrer à de vaines disputes sur les regrets et les ressentiments du passé. Pendant ce temps, l'administration triomphe, et se glorifie de l'unanimité apparente que nos divisions vont lui donner.

Rien n'est plus affligeant que de voir exhumer ainsi toutes nos vieilles querelles, comme si les révolutions n'en avaient pas emporté la cause, et comme si nos malheurs communs n'avaient pas dû nous instruire. Depuis dix-sept ans, les vaincus de la liberté, au milieu de tous leurs déboires, avaient au moins la consolation de se sentir unis et corrigés par leur défaite commune des mauvais sentiments qui les avaient perdus. C'était pour eux le seul profit qu'ils eussent tiré des malheurs de la France, et ils s'étaient promis bien des fois de ne jamais oublier cette leçon. L'expérience était assez coûteuse pour que le bruit n'en fût pas perdu. Et voilà qu'on essaie de nous le ravir, avant que nous ne soyons certains de la victoire. avant même que le signal du combat ne soit donné! Ce spectacle nous remplit de douleur et de honte. Quels que soient les hommes qui nous le donnent en ce moment, et qui se prêtent si complaisamment aux desseins du pouvoir, qu'ils soient aveugles ou complices, dupes ou traîtres, nous voudrions pouvoir taire le pénible étonnement, la juste indignation que leur conduite nous inspire ; nous voudrions ne pas être obligés de nous expliquer sur leur compte, et de leur reprocher à notre tour des fautes que nous avions pardonnées de bon cœur. Mais il faut suivre ces imprudents sur le terrain brûlant où ils nous appellent. Puisqu'on ressuscite aujourd'hui ce vieux mot de réaction dont on a tant de fois abusé, puisqu'il est maintenant dans toutes les bouches, puisque d'ailleurs la franchise historique est de nouveau permise, et que la vérité commence à se faire jour sur les origines du second Empire, le moment nous paraît venu de juger sincèrement les événements de cette époque. Voyons donc à notre tour ce qu'il faut penser de la réaction fameuse de 1849 et de 1850, si elle est coupable de tous les maux dont on l'accuse, si c'est elle, et elle seule, qui a perdu les libertés de la France.

Et d'abord, qu'est-ce qu'une réaction ? Pourquoi ce mot soulève-t-il d'aussi furieuses colères ? Qu'y a-t-il donc dans ce phénomène de si extraordinaire et de si monstrueux ? Une réaction est un fait naturel et inévitable, qui suit nécessairement les révolutions. C'est un mouvement de l'opinion publique surprise et effrayée, qui se rejette en arrière, après être allée plus loin qu'elle ne l'aurait voulu. C'est un mal passager que les révolutions amènent, et qu'elles doivent se résigner à souffrir. Assurément il vaudrait mieux que toutes ces timidités fussent bannies, que l'opinion publique devînt courageuse, qu'elle s'accommodât tout de suite aux circonstances, que chacun s'efforçât de faire virilement son devoir, sans revenir, même par la pensée, sur les événements accomplis. Mais on ne peut pas demander l'impossible ; il faut compter avec la nature humaine, et faire la part de ses faiblesses. Il faut comprendre que les habitudes d'un peuple ne peuvent être changées d'un jour à l'autre, qu'il ne sert à rien de leur faire violence, et qu'on ne peut les réformer qu'avec lenteur. On n'écrase par les réactions, on ne les détruit pas à coups de sabre : elles renaissent alors avec une force nouvelle, quand le premier moment de stupeur est passé. Il n'y a qu'une manière d'en triompher : c'est de les contenir dans la limite des lois, en sachant s'y enfermer soi-même.

C'est une nécessité que les révolutionnaires, surtout au lendemain de leur victoire, ont toujours un peu de peine à comprendre; il leur faut quelque vertu pour savoir ainsi se modérer. Animés par l'ardeur de la lutte, enorgueillis par leur succès, leur humeur est naturellement impérieuse, et ils apprennent difficilement à compter avec les vaincus. C'est cependant la première condition du succès de la révolution qu'ils ont faite, et de la durée des institutions qu'ils espèrent donner à leur pays. C'est à ce signe que se reconnaissent les révolutions qui détruisent et les révolutions qui fondent. Sans cette modération qui suit la victoire et qui fait respecter l'emploi de la force, les révolutions même les plus pures, celles mêmes qui se font au nom des droits les plus incontestables et les plus sacrés, ressemblent aux coups d'État des usurpateurs, et sont renversées de même, au bout de peu de temps.

Lorsqu'une révolution éclate, le parti victorieux n'est pas seul dans le pays; il n'y compte même souvent qu'une minorité presque insignifiante. Plus actif, plus ardent, mieux discipliné, plus convaincu, il a surpris la majorité endormie dans son bien-être, et il l'a mise facilement en déroute; mais alors les conservateurs, réveillés par cette secousse imprévue, reviennent à la charge avec une violence dont on ne les croyait pas capables. A supposer même que les partisans de la révolution aient la supériorité du nombre, les mœurs du pays les gênent, et leurs propres habitudes, très-différentes de leurs théories, leur résistent à leur insu. Dans tous les cas, les partisans du régime qui succombe se font des illusions sur la possibilité d'un retour. Ils sont malveillants pour le régime nouveau, ils le harcèlent de petites épigrammes, ils lui suscitent de petits embarras, ils lui en souhaitent surtout de plus graves; quand même ils ont l'intention de le servir, ils songent encore involontairement à revenir sur leurs pas. S'ils entrent dans le gouvernement, c'est pour entraver le mouvement révolutionnaire, et pour introduire dans les institutions nouvelles quelque chose de l'esprit du passé; s'ils souscrivent à des réformes importantes et s'ils subissent malgré eux l'impulsion des événements accomplis, ils le font de si mauvaise grâce qu'on ne leur en montre aucune gratitude. Quelques-uns font simplement leur devoir; la plupart se soumettent en murmurant, plusieurs même évidemment conspirent. Cela est déplorable assurément, mais cela est humain et excusable; cela est inévitable surtout, et la sagesse la plus vulgaire ordonne de s'y résigner. A moins de gouverner par la force et d'éterniser la guerre civile, les révolutions doivent prendre en patience les réactions qui les menacent. Quand on vient de renverser un gouvernement au nom de la liberté et la souveraineté nationale, on ne peut pas, sans une sorte d'impudeur, frapper la moitié du pays d'ostracisme. Une révolution qui se laisse emporter jusqu'à l'oubli de ses propres principes, conduit à la dictature, à la terreur, à l'oligarchie la plus affreuse et à une réaction plus formidable que jamais.

Les révolutions, en effet, ne s'improvisent pas en un jour, comme tant de gens se l'imaginent sur la foi des apparences; il ne suffit pas de gagner une bataille ou d'installer à la hâte un gouvernement provisoire pour s'écrier que la révolution est faite, et qu'on va pouvoir en goûter les fruits. Les révolutions, plus que toute autre chose, sont des œuvres de temps et de patience. Si elles débutent sur la place publique et à coups de fusil, elles s'achèvent par la modération, par la persévérance, par l'impartialité de leurs amis, par la conversion lente de leurs adversaires aux idées nouvelles, par l'énergie qu'ils déploient tous ensemble à maintenir l'autorité des lois. Le plus difficile n'est pas tant de jeter l'ancien gouvernement par terre que de fonder solidement le pouvoir nouveau ; quand on a triomphé par la force, il reste encore à prévaloir dans l'opinion. C'est au lendemain des insurrections que la véritable révolution commence, celle qui, des institutions improvisées le jour de la victoire, doit faire un système de gouvernement national, adopté et pratiqué par le pays. Il y faut de la douceur, de la fermeté, de la prévoyance, et quelles que soient les lois que la nation préfère, une ténacité inflexible à les défendre contre les ambitieux de tous les partis.

Ce que nous disions plus haut des gouvernements issus de la dictature, n'est pas moins vrai des gouvernements issus des révolutions populaires. Leur grande affaire est d'inspirer confiance et de réconcilier les partis. Ce qu'ils doivent craindre par dessus tout, c'est de se faire une majorité factice et fragile, en réduisant leurs ennemis au silence et en les écartant des affaires publiques ; c'est d'entretenir une hostilité sourde qui ne se révèle qu'au jour du danger. Ce qu'ils doivent désirer avant tout, c'est que le chagrin et le mécontentement de leurs adversaires se produisent sous la forme de l'opposition légale ; c'est qu'en acceptant les institutions nouvelles pour tâcher d'y combattre l'esprit révolutionnaire, les amis du passé les consolident et les sanctionnent à leur insu ; c'est qu'en un mot la réaction soit entraînée sans le vouloir dans le courant au travers duquel elle se jette. Dût-elle pour quelque temps le ralentir ou le suspendre, dût la politique des révolutionnaires en être contrariée quelques jours, dût même la majorité légale leur échapper pour un moment, et se tourner en apparence contre eux-mêmes, ce ne serait pas payer trop cher une pareille conquête. L'essentiel est que la réaction s'use et se fatigue elle-même sans renverser le nouveau régime. Il y a, dans tout pays, un grand nombre d'honnêtes gens sans parti pris qui peuvent avoir leurs préférences personnelles pour tel ou tel système politique, mais qui sont prêts à s'attacher à tout gouvernement régulier et libre ; voilà les hommes sur lesquels il faut s'appuyer, et dont le concours est indispensable à toute révolution récente. Il s'agit alors de s'établir, et non pas encore de dominer. Se faire accepter d'abord, enseigner à la majorité du pays l'usage et le respect des institutions nouvelles ; reconquérir ensuite la majorité légale, et gouverner, s'il se peut, à leur guise : telle doit être, par tout pays, la conduite des révolutionnaires raisonnables et prudents. Cette politique, sans doute, est malaisée, mais c'est la seule honnête, la seule praticable au temps où nous sommes, la seule enfin qui puisse sauver les révolutions.

Malheureusement les pouvoirs nouveaux sont exigeants comme les pouvoirs absolus. Ils ont l'impatience et l'intolérance naturelles à tous les partis victorieux. Lors même qu'ils ne commettent aucune violence matérielle, et qu'ils respectent, avec un louable scrupule, les droits de leurs adversaires vaincus, ils ont un penchant naturel et regrettable à les injurier, à leur faire peur, à les menacer de leur vengeance, à les *terroriser* enfin quelque peu. Ils s'imaginent qu'il leur a suffi de briser une constitution et une couronne pour métamorphoser une nation tout entière, et pour changer d'un seul coup le tempérament du pays. Ce n'est pas assez qu'on les accepte, il faut encore qu'on les acclame; ce n'est pas assez qu'on se résigne, il faut qu'on éprouve de la joie et de l'enthousiasme; il faut n'avoir pas un regret, pas une arrière-pensée, pas une préférence platonique. Ils exigent de leurs adversaires des conversions éclatantes et soudaines; quand ils les ont obtenues, ils se défient de ces convertis du lendemain, et leur supposent volontiers des intentions perfides. Ils s'emportent contre toute résistance et refusent tout compromis. Ils ne peuvent tolérer de ne pas être seuls les maîtres dans le gouvernement issu de la révolution qu'ils ont faite. Ils passent d'une confiance enthousiaste et naïve à un découragement et à un dépit puérils, jusqu'au jour où ils se dégoûtent de leur œuvre et se rejettent dans les bras de la dictature, abandonnant la défense de la révolution expirante à ceux mêmes qu'ils accusent de la combattre.

Ce jour est celui de leur ruine. Quand les révolutions n'ont plus pour les défendre que leurs partisans du lendemain, on peut dire qu'elles sont perdues. Ces défenseurs sans enthousiasme, si sincères, si loyaux d'ailleurs qu'on les suppose, ne

peuvent avoir ni le zèle, ni l'ardeur des révolutionnaires con-
vaincus. Ils se fatiguent vite de ce métier ingrat d'avoir à protéger la révolution contre ceux mêmes qui devraient la soutenir. S'ils font simplement leur devoir, et s'ils honorent leur
défaite par leur courage, c'est tout ce qu'on peut demander à
leur dévouement. Quoi qu'ils fassent, ils ne peuvent rien de
plus. L'opinion, qui ne s'attache qu'à la force, les abandonne
d'avance; ils n'ont plus qu'à bien finir, et à sauver, s'il se peut,
avec leur honneur, la dignité de la nation.

VIII

Cette histoire (ai-je besoin de le dire?) est celle de notre seconde République. Il est de mode, à présent, d'imputer sa chute déplorable au parti qu'on appelait alors réactionnaire, et qui a eu sans doute bien des torts, mais qui, en définitive, a succombé en résistant à la réaction. La vérité, c'est que ce parti n'a été ni le plus imprévoyant, ni le plus aveugle. Le parti *réactionnaire*, puisqu'on s'obstine à lui donner ce nom, pourrait tout aussi bien rejeter sur le parti *révolutionnaire* la responsabilité de cette catastrophe humiliante. Leurs fautes sont tellement entremêlées, qu'il est difficile de faire à chacun sa part. Si c'est à la froideur malveillante et à la méprisante hauteur de la droite qu'il faut imputer les sottes défiances de la gauche, c'est à la rudesse et à l'aveuglement de cette dernière qu'il faut attribuer les défaillances et les lenteurs pitoyables de la droite. Autant les uns ont manqué d'audace, de décision, de désintéressement patriotique, autant les autres ont manqué de jugement, d'impartialité et de bon sens.

La République de 1848 a été douce, humaine, conservatrice plus que toute autre. Elle s'est souvenue de la Convention pour éviter de suivre son exemple ; elle a résisté aux désordres des rues et aux menaces des émeutes populaires : ce sera son éternel titre de gloire. Mais elle est tombée misérablement et plus vite que toute autre ; elle n'a pas eu, comme sa devancière, l'excuse de la fatigue, de l'anarchie prolongée, de l'ascendant du génie, de l'éblouissement de la gloire. Elle s'est effondrée peu à peu, minée par des machinations souterraines et sous les coups d'une ambition dont elle ne daignait même pas s'alarmer. Quelle est la cause de cette décadence si prompte ? Elle est dans les divisions intestines qui, de bonne heure, ont affaibli la représentation nationale, et qui, à la fin, l'ont paralysée à à l'heure même où il fallait agir.

La République de 1848 était pleine d'intentions honnêtes : la majorité des républicains ne voulait ni proscriptions, ni violences ; une grande partie des anciens royalistes constitutionnels, justement les plus estimables et les plus éclairés d'entre eux, en dépit de leurs répugnances très-excusables et très-naturelles, acceptaient sans hypocrisie la forme républicaine, résolus à en faire loyalement l'expérience, et à la tenter sans esprit de retour. Mais les bonnes intentions ne suffisaient ni d'un côté ni de l'autre : il fallait y joindre la fermeté, la sagacité, l'impartialité, la hauteur d'âme, surtout l'esprit d'union des vrais patriotes. Les conservateurs ont prévu le danger, ils ont eu la vue plus perçante que leurs adversaires ; mais ils ont montré une déplorable faiblesse, une lenteur et une timidité vraiment funestes. Les républicains ont été presque tous d'une crédulité et d'une inintelligence inouïes : en dépit de tous les avertissements, à la face même de l'évidence, ils ont persisté à ne craindre que des dangers imaginaires au lieu du danger réel qui les menaçait.

C'est un lieu commun établi qu'il y avait alors, dans l'Assemblée nationale, une grande conspiration royaliste, prête à dévorer la République. La veille encore du coup d'État, les confidents de l'Élysée dénonçaient ce monstre redoutable aux fureurs de la *Montagne* aveuglée. On sait maintenant à l'évidence que cette conspiration n'a jamais existé que dans l'imagination des hommes intéressés à la faire craindre et dans celle des hommes assez naïfs pour y croire. Il y a eu des désirs, des paroles imprudentes et parfois injurieuses pour la République, des prédictions malveillantes pour son avenir, des sentiments monarchiques trop inutilement et trop fastueusement étalés. Mais de là à des complots véritables et à des desseins positivement hostiles, il y a une distance que le parti conservateur n'a jamais franchie. Cette conspiration, dans tous les cas, n'avait rien de ténébreux : elle se tramait publiquement et à portes ouvertes. Plusieurs des chefs de la *réaction* avaient imaginé de réconcilier la branche cadette et la branche aînée de l'ancienne maison royale; mais cette tentative de *fusion* avait avorté longtemps avant le coup d'État. Ce n'était pas du côté des royalistes que pouvait venir en ce moment-là le rétablissement de la monarchie. Les royalistes s'attachaient de bon cœur à la République, pour éviter l'autre restauration que tout le monde avait devinée. Leur plus grande faute a été la mollesse avec laquelle ils ont résisté à une usurpation qu'ils voyaient venir, mais qu'ils n'osaient dénoncer tout haut, de peur de provoquer la guerre civile et de troubler la tranquillité de l'État; ç'a été leur modération excessive, leur humeur expectante et incertaine, leurs scrupules étroits de légalité en face d'un adversaire qui se préparait à violer toutes les lois. On peut le dire, malgré sa belle fin, la majorité de l'Assemblée a manqué d'énergie et de virilité. Découragée par l'hostilité de la Montagne, craignant de bouleverser l'État, craignant à la fois de s'aliéner le pouvoir exécutif et de s'exposer aux soupçons de la gauche malveillante, elle a mal défendu la République mise en dépôt dans ses mains.

La République ne pouvait être sauvée que par une coalition de tous les honnêtes gens. Cette coalition n'était pas impossible, et elle faillit se former plus d'une fois. Il y avait dans le parti conservateur un certain nombre de libres esprits, prêts à soutenir tout gouvernement honnête, républicains par leurs sentiments et par leurs tendances, sinon tout à fait par leurs théories. Ces hommes-là pouvaient s'entendre avec les républicains de profession; rien d'essentiel ne les séparait les uns des autres, et ils auraient dû former, en s'unissant, la majorité qui aurait gouverné la France. Mais une habitude invétérée de malveillance les éloignait les uns des autres, quand tout aurait dû les réunir. Ils restaient, les uns et les autres, inféodés aux partis extrêmes; ceux-ci siégeaient à la droite, ceux-là siégeaient à la gauche, et cela suffisait pour les empêcher de se connaître. On s'exaspérait mutuellement, la gauche par ses fureurs, la droite par ses dédains. On évitait de se rencontrer, on se dénonçait, on se provoquait d'une façon théâtrale, on ne se regardait que pour échanger des paroles de défi. On rappelait à tout propos les souvenirs de l'ancien régime ou de la

Terreur; enfin, les discussions de l'Assemblée gardaient encore un aspect de guerre civile, au moment même où la République était réellement acceptée de tous. Ainsi, les républicains sages perdaient le bénéfice de leur droiture et de leur modération réelle; les anciens parlementaires éclairés perdaient le profit de leur adhésion loyale à la République. Le fossé, qu'ils auraient dû combler, se creusait plus profondément tous les jours.

Un jour cependant l'imminence du danger arrache aux conservateurs un cri d'alarme, les décide à un grand effort. Une parole prophétique se fait entendre dans l'assemblée : « l'Empire est fait ! » et ce n'est pas un républicain qui la prononce. Cette parole n'est pas écoutée. Une main loyale est tendue à la gauche : la gauche la repousse. Trois fois on revient à la charge, et le péril grandit toujours. Trois fois le parti républicain, toujours plus imprévoyant, refuse d'ajouter foi à la franchise des *réactionnaires*. A toutes les menaces de danger, il répond qu'il a foi dans le peuple et dans la justice de sa cause. Pendant que le complot se trame à l'Élysée, il rêve encore un coup d'État royaliste, et ne veut voir qu'une ruse de guerre dans le zèle de ses nouveaux alliés. Le lendemain, la République tombe, justifiant les prédictions des uns, confondant l'aveuglement des autres, enlevant à tous leurs espérances et leurs libertés. — Est-ce l'occasion, quand on se rappelle ces souvenirs, d'injurier le parti *réactionnaire* et de lui attribuer tous les malheurs de la République? Est-il généreux à des vaincus du 2 décembre d'accabler de leurs outrages ceux qui, s'ils ont commis des fautes, les ont expiées et rachetées avec eux dans la prison ou dans l'exil? Ceux qui tiennent ce langage ne s'exposent-ils pas à ce qu'on leur réponde qu'ils avaient aussi des fautes à expier, et qu'à vrai dire, la cause républicaine, à laquelle ils devaient bien davantage, a contre eux des griefs au moins aussi grands?

Oui, les fautes des républicains de la veille ont été, s'il est possible, encore plus graves que celles des républicains du lendemain, victimes de leur loyauté à une cause qu'ils n'avaient pas embrassée de leur libre choix, mais qu'ils ont voulu soutenir jusqu'à la fin. Ceux qui étaient vraiment *réactionnaires* n'ont pas pu déguiser leur joie; ceux mêmes qui étaient libéraux et honnêtes, et qui avaient accepté sincèrement les institutions nouvelles, n'avaient pas juré, suivant un mot célèbre, « de vivre et de mourir pour la République. » S'ils ont tenu cette promesse sans l'avoir donnée, ils n'ont fait assurément que leur devoir. Encore faut-il s'en souvenir et leur rendre justice.

Mais de la part des républicains de la veille, on avait bien autre chose à attendre. C'était à eux qu'il appartenait d'écarter les dangers de la République. Qu'ont-ils fait cependant pour la sauver? Ils sont allés se jeter dans le précipice. Au lieu de gagner la majorité conservatrice de la France, ils ont semblé prendre à tâche de la repousser dans la réaction; au lieu de s'en servir pour défendre la liberté menacée, ils l'ont livrée au despotisme militaire. C'est enfin à la « coalition royaliste » qu'ils ont laissé l'honneur de tomber la première en s'enveloppant dans le drapeau de la République.

A Dieu ne plaise que nous ranimions des ressentiments que nous déplorons nous-mêmes! Loin de nous la pensée de nous attarder dans ces querelles surannées et inutiles, et d'oublier le bien du présent pour le mesquin intérêt de savoir qui de nous a commis le plus de fautes, il y a bientôt vingt ans! Nous ne nous aventurons sur ce terrain que parce qu'on nous y entraîne malgré nous. Nous n'avons d'autre désir que de mettre en oubli les injures passées, et de conclure une paix durable, fondée sur un intérêt commun, sur une mutuelle indulgence et sur une mutuelle modestie. Nous cherchons dans ces tristes souvenirs un enseignement commun, une leçon d'humilité qui profite à tous les amis de la liberté, puisque aucun, dans ces temps funestes, ne peut se vanter de n'avoir pas contribué, pour une grande part, à sa ruine. Nous voulons surtout en tirer cette vérité bonne à méditer pour tous les partis : c'est qu'aucun d'entre eux ne peut, à lui seul, dominer l'opinion publique et gouverner la France; qu'au contraire, ils ont besoin tous les jours les uns des autres; que leur union est indispensable, soit pour conquérir, soit pour conserver nos libertés, et que leurs divisions nous conduiront toujours invariablement au pouvoir absolu.

IX

Que signifient d'ailleurs ces grands mots qu'on se jette à la tête? A quoi répondent ces distinctions de partis qu'on cherche à ressusciter depuis quelque temps? Que veut-on dire quand on divise la France en démocrates et en réactionnaires, et quelle valeur attache-t-on encore à ces termes vieillis? En serions-nous encore à discuter l'établissement de la souveraineté populaire? Est-ce que le principe de la démocratie courrait chez nous le moindre danger?

Les hommes qui s'obstinent dans ces vieilles querelles, s'acharnent à enfoncer une porte ouverte. La démocratie, à cette heure, est chez nous une cause gagnée. Personne ne pense à revenir sur les révolutions faites; personne du moins n'y peut songer sans folie. Tout le monde est démocrate au temps où nous sommes; tout le monde cède à la force des choses et à l'empire de l'opinion publique. Les conservateurs les plus dédaigneux, les plus sceptiques, se résignent à ce qu'ils ne peuvent éviter. Quel est aujourd'hui le *réactionnaire* qui ait la prétention de renverser la démocratie, ou la témérité de la combattre en face?

Non, la démocratie n'a rien de pareil à craindre. Aucun pouvoir, aucun parti n'osera l'attaquer de front, on ne pourra l'attaquer sans se perdre. Mais on peut la corrompre, l'énerver et

l'abêtir; on peut l'étouffer dans une atmosphère où la liberté
manque, l'engourdir par des flatteries, la séduire par de fausses
promesses, la remuer par ses passions haineuses, la dominer
par ses vices, l'annuler enfin en sous-œuvre, au moment même
où on la proclame et où on la glorifie sur tous les tons. On
peut l'élever à la hauteur de son rôle, en lui laissant la direction de ses actes, ou bien la réduire peu à peu à un état d'es-
clavage et de stupidité honteuse. Tel est le seul danger que la
démocratie coure à cette heure, et qui doive alarmer ses
amis. Il s'agit simplement de savoir si nous conserverons
une démocratie bâtarde, une fausse démocratie, qui n'est que
le masque du pouvoir absolu, ou si nous voulons que notre
démocratie devienne sérieuse; s'il nous suffit qu'on reconnaisse
le droit abstrait de la nation, ou si nous voulons qu'elle soit
effectivement et réellement souveraine; si, en un mot, nous
continuerons à subir la tutelle administrative, ou si nous exi-
gerons les libertés indispensables pour nous gouverner nous-
mêmes.

La question de la démocratie n'est plus aujourd'hui qu'une
question de liberté. Quiconque veut la liberté de la France est
l'ami de la démocratie et travaille pour elle. Quiconque con-
tribue à étouffer la liberté ou déserte sa cause, de quelque
nom démagogique qu'il se pare, est vraiment un *réactionnaire*
et un ennemi.

Si donc il y a des réactionnaires, on ne les trouve pas dans
la coalition libérale. La cause que soutient le parti libéral est
la cause même de la démocratie. Tous les partis qui concourent

à son œuvre sont, qu'ils le sachent ou non, démocrates. Ne travaillent-ils pas, en effet, à l'émancipation du suffrage universel? Ne veulent-ils pas, avant tout, que la nation se dirige elle-même, et par l'organe de ses représentants librement élus? Sans doute, il y a entre eux des différences : ils ne sont pas libéraux au même degré. Les uns seront plus vite satisfaits; ils s'arrêteront plus tôt dans la voie libérale, et se contenteront des libertés *nécessaires*. Les autres voudront aller plus loin, et ne s'arrêteront qu'après avoir obtenu les libertés *radicales*. Alors il sera temps de se diviser; mais pour le moment tout est à faire, et tout le monde est d'accord. Pendant que la liberté française est embourbée dans l'ornière où elle est tombée depuis dix-huit ans, est-il sage de nous affaiblir par des querelles et des jalousies prématurées? Poussons tous à la roue, et sortons du mauvais pas.

Que certains conservateurs effrayés se défient de l'Union libérale et songent quelquefois à la trahir; qu'en servant la liberté, ils craignent de fortifier la démocratie et d'ajouter quelque chose à sa puissance, cela est regrettable assurément, mais cela peut encore se concevoir. Ces hommes prudents sont bien peu sages, s'ils ne comprennent pas qu'une liberté large est, dans une société démocratique plus que dans toute autre, la garantie certaine des intérêts conservateurs; mais enfin, ils sont dans leur rôle, et il n'y a pas lieu d'en être surpris. Ce qui nous étonne bien davantage, c'est de voir certains démocrates s'éloigner bruyamment de l'Union libérale et chercher à contrarier ses efforts. C'est, en effet, de ce côté, que la division a fait dans nos rangs le plus de ravages. Depuis quelque temps il a surgi du fond du parti démocratique extrême, une légion de patriotes intraitables, qui repoussent avec indignation toute alliance impure, et qui veulent proscrire et excommunier du sein de la démocratie elle-même, tous ceux dont les convictions leur paraissent moins inabordables que les leurs. Ces puritains, comme on doit le penser, s'attaquent de préférence aux hommes les plus illustres, à ceux que d'anciens services désignent à la reconnaissance du pays. Ils veulent s'épurer et s'épurer encore, jusqu'à ce qu'ils restent seuls dans leur église. Ils ont l'air de craindre qu'en venant à leur aide, on ne leur enlève le monopole de leur vertu républicaine, et ils passent leur temps à s'écrier, d'après un mot célèbre : « Périsse la liberté plutôt qu'un principe! »

X

Disons-le tout d'abord : le sentiment que cette conduite nous inspire est celui d'une légitime défiance. Si l'Union libérale est suspecte aux démocrates de cette école, ils sont eux-mêmes suspects à la liberté. Ce n'est pas ainsi que se conduisent les partis honnêtes, qui ne veulent triompher qu'au grand jour, par le libre choix du pays. Un parti loyal et honnête n'a rien à redouter de l'Union libérale, s'il a de son côté la justice et l'opinion du pays. S'il la craint, c'est donc une minorité intolérante, qui attend le pouvoir de quelque heureux coup de la fortune, mais qui ne l'attend pas du libre choix de la nation. Il faut se défier de toutes les factions qui se complaisent dans un isolement volontaire, et qui craignent de se souiller au contact des infidèles : ce sont toujours des écoles de despotisme et de violence. Le vrai patriotisme n'est pas si pointilleux ni si farouche. Ces théoriciens absolus et austères ne sont que des ambitieux vindicatifs qui confondent leurs principes avec leurs vanités et leurs haines. Il y en a même dont on ne pourrait dire si c'est bien le fanatisme qui les anime et si l'intérêt n'y est pour rien.

Ne venez donc pas nous alléguer vos principes éternels et inflexibles, ne nous parlez pas de cet héritage moral inviolable que vous ne pouvez sacrifier à l'intérêt du moment. Qui songe, de côté ni d'autre, à trahir ses principes ou ses croyances ? A qui demande-t-on une abjuration ? A qui ordonnons-nous de renoncer à ses espérances, à qui contestons-nous le droit de les proclamer ? C'est justement au nom de vos principes que nous réclamons votre concours à l'œuvre libérale ; nous ne comprenons pas que vos principes restent comme une lettre morte. Tout ce que nous demandons à chacun, c'est de marcher avec nous dans la voie droite, et de ne pas nuire à la liberté commune.

L'intérêt et le devoir s'accordent pour nous l'ordonner. Quand nos puritains de la démagogie déclarent la guerre à l'Union libérale et s'écrient qu'ils ne veulent pas être les dupes des libéraux modérés, ils croient faire preuve d'une prévoyance supérieure et d'un profond esprit politique. En négligeant les stériles avantages du présent, ils croient préparer les victoires fécondes de l'avenir. Or c'est justement la prévoyance qui leur manque ; c'est l'avenir qu'ils compromettent bien plus encore que le présent. Non-seulement la démocratie ne gagne rien à leurs déclamations haineuses ; mais elle devient entre leurs mains un épouvantail pour les classes bourgeoises et un argument en faveur du pouvoir absolu. Pour se donner le vain plaisir d'humilier leurs rivaux futurs, ils se privent d'alliés puissants avec lesquels ils pourraient vaincre. Ils se conduisent comme s'ils avaient déjà à se prononcer sur le choix du gouvernement de la France. Ils se figurent que la république est perdue, parce qu'ils auront élu un député du parti libéral ; ils s'imaginent qu'elle est victorieuse parce qu'un candidat républicain sera nommé ; ils s'imaginent qu'elle réserve ses chances, quand le candidat officiel se glisse entre les deux autres. Ils se croient déjà bien loin dans l'avenir ; ils caressent des rêves de dictature ou de république idéale ; et ils perdent en manifestations vaines un temps précieux pour la liberté.

C'est là une erreur dangereuse et une présomptueuse illusion. Nous n'en sommes pas, Dieu merci, à nous disputer le pouvoir comme une proie. Le seul objet de nos disputes est en ce moment la liberté. Notre intérêt, comme notre devoir, est le même. Quiconque travaille contre son voisin travaille aujourd'hui contre sa propre cause. On ne sert pas la monarchie en faisant la guerre aux candidats républicains ; on ne sert pas la république en faisant échouer les candidats libéraux. Royalistes et républicains, n'appelez pas ces tristes succès des victoires ! Vous les payez déjà bien cher en renonçant à vos libertés ; mais vous les paierez encore plus cher, si jamais vous essayez de gouverner la France.

Savez-vous ce qui arrivera, si votre politique de division triomphe ? C'est que ni la monarchie, ni la république, ne pourra solidement s'établir ; c'est que vous n'aurez que des monarchies sans force et sans grandeur, gouvernées par des coteries, menacées par des révolutions ; des républiques à moitié sincères, ballottées entre l'anarchie et la réaction, mal défendues par leurs adversaires de la veille, encore plus mal défendues par leurs partisans du lendemain, condamnées à périr en peu de temps par des conspirations d'aventuriers ; enfin des dictatures éphémères qui se débattront vainement contre leur origine et qui ne parviendront jamais à devenir des gouvernements réguliers. Vous passerez tour à tour au pouvoir, mais aucun de vous n'y pourra rester. Chacun de vous aura son heure et pourra satisfaire à son tour ses vengeances ou ses convoitises ; mais quels que soient ceux d'entre vous qui triomphent, la liberté sera parmi les victimes. Vous entretiendrez dans le pays une sorte de guerre civile intermittente, coupée par des intervalles de servitude et de torpeur. Voilà les résultats de votre prévoyance profonde ! Voilà l'avenir que vous nous préparez, si nous nous laissons égarer par vous !

La liberté, comprenez-le donc, est le point de départ et la condition première de toute ambition raisonnable. De quelque côté que vous vouliez nous conduire, quel que soit le but que vous proposiez à vos efforts, si l'objet de vos désirs est légitime, si vos sentiments sont patriotiques et honnêtes, vous ne pouvez y arriver que par le grand chemin de la liberté. Nous ne sommes plus au temps où l'on pouvait dompter les partis en les exterminant, et fonder un gouvernement durable sur les proscriptions ou sur l'échafaud. Nous commençons même à comprendre que toute violence morale est funeste à ceux qui l'emploient. A quelque école que nous appartenions, si nous voulons gouverner avec la nation, pour la nation, et non pour nous-mêmes, il faut que nous prenions le pays comme il est, avant de l'amener à ce qu'il devrait être. Notre devoir est de mettre la nation en possession d'elle-même, sans nous occuper de savoir si elle choisira telle forme de gouvernement plutôt que telle autre, et sans songer à lui imposer celle que chacun de nous préfère, certains d'ailleurs que la liberté ramènera celle qui convient le mieux à notre pays. Nous devons surtout nous appliquer à pacifier les souvenirs de nos guerres civiles et à réconcilier les prétentions des partis. Voilà de quelle manière il faut préparer l'avenir; autrement on ne prépare que le pouvoir absolu. Le ressort du gouvernement républicain est, comme dit Montesquieu, la *vertu*. Dans aucun système de gouvernement l'union n'est aussi nécessaire, la division n'est aussi funeste. On a donc lieu de s'étonner d'entendre invoquer son nom par des hommes qui font tout au monde pour rendre la république impossible et pour condamner la démocratie à un nouvel avortement.

En sommes-nous encore à apprendre ces vérités élémentaires ? notre expérience d'un siècle, ne nous a-t-elle donc rien enseigné? ne sommes-nous pas assez punis de nos longues divisions et de nos longues haines ? nous faut-il une leçon plus dure? Comment! c'est dans cette France énervée par les révolutions, engourdie par l'obéissance, dans cette France où la cause libérale a eu tant de peine jusqu'à cette heure à rassembler une poignée de soldats courageux; c'est au moment où nos espérances renaissent, où le goût de la liberté se réveille, où les amis eux-mêmes du pouvoir absolu sont ébranlés dans leur confiance et paraissent secouer leur torpeur; c'est ce moment qu'on introduirait la guerre civile dans l'armée libérale? « Nous ne pouvons, s'écrient les démocrates, faire cause commune avec d'anciens réactionnaires! » En vérité, les vrais réactionnaires, ceux qui méritent aujourd'hui ce nom, ce sont les hommes qui crient le plus fort à la réaction, les faux démocrates qui joignent leurs voix à celle des absolutistes pour décourager et épouvanter la France, les faux républicains qui ont peur de la liberté commune et qui voudraient se la réserver pour eux seuls !

Il faut le proclamer hautement : il n'existe en France, à cette heure, et il n'y peut exister que deux grands partis : l'Union libérale qui veut le gouvernement du pays, et la coalition des ambitieux qui ont pour unique maxime : « Il faut être les maîtres ! » Royalistes, républicains ou impérialistes, nous sommes tous confondus dans la mêlée. Toutes ces anciennes distinctions disparaissent devant le choix que nous allons faire dans ce grand et solennel combat. Ce n'est pas le moment de subtiliser sur les nuances et de raffiner sur les systèmes. L'heure des réserves et des restrictions mentales est passée : il faut prendre parti d'un côté ou de l'autre, et retourner chacun à son rang.

XI

Quant à nous, partisans de la liberté, notre devoir est simple, et notre route est toute tracée devant nous. Quelles que soient nos arrière-pensées ou nos espérances, nous n'avons tous, dans la lutte qui se prépare, qu'un intérêt et qu'une volonté. Royalistes qui pensons sincérement que la monarchie entourée d'institutions parlementaires est la forme la plus sûre et la plus parfaite de la liberté ; républicains qu'offusque la monarchie et qui ne croyons la liberté complète que dans un pays dont l'égalité est la loi suprême ; impérialistes honnêtes qui regardons les institutions de l'Empire comme compatibles avec une liberté vraie ; simples libéraux enfin qui acceptons la liberté sous tous les noms et sous toutes les formes, et qui ne croyons pas avoir le droit de réclamer davantage, nous n'avons pas deux conduites à tenir.

Nous sommes tous d'accord pour le présent, car nous voulons la liberté ; et si nous voulons quelque chose de plus, nous ne le voulons que par la liberté. Que nous préférions la monarchie constitutionnelle ou la république, que nous espérions consolider l'Empire par des réformes libérales, ou que nous ayons l'arrière-pensée de le détruire, qu'importent maintenant ces différences? Nous sommes d'accord sur les moyens et sur le but immédiat de nos efforts; nous ne sommes divisés que par des espérances et par des prévisions lointaines. Ne disons pas que l'heure n'est pas venue, et qu'il faut attendre : il est peut-être déjà trop tard. Ne disons pas qu'il faut négliger le présent afin de préparer l'avenir ; le meilleur moyen de préparer l'avenir, c'est de pourvoir aux besoins du présent. Les uns comptent sur la liberté pour ramener tel gouvernement qui leur plaît ; les autres pensent qu'elle affermira celui qui existe. Travaillons ensemble à l'œuvre commune, et laissons les événements juger entre nous. Quoi qu'il advienne de nos espérances, nous n'aurons jamais à regretter d'avoir mis fin à notre sujétion. Quand notre tour viendrait de gouverner nous-mêmes, nous n'aurions pas à nous repentir d'avoir élevé une digue au pouvoir absolu, et assis le gouvernement de la France sur le solide fondement de la liberté.

Puritains de toutes les Églises, apôtres de la division et de la haine, n'est-ce pas justement la liberté qui vous fait peur ? Déserteurs naïfs ou perfides de l'Union libérale, n'est-ce pas là le secret de votre défection ? Avouez-le du moins sans détour : votre ambition est de gouverner seuls ; vous voulez opprimer à votre façon. Royalistes dédaigneux, qui repoussez l'alliance de la démocratie, la monarchie que vous souhaitez ne diffère pas de celle que nous avons. Cléricaux intolérants qui accaparez tout ce qu'on vous laisse prendre, vous prétendez régner tyranniquement sur la terre avant de régner dans le royaume des cieux. Républicains soupçonneux et méchants qui vous isolez du parti libéral, vous voulez une république où il n'y ait place que pour vous seuls, et où la liberté ne règne que de nom. Bonapartistes qui vous dites libéraux, et qui n'osez pas l'être en notre compagnie, vous craignez au fond la liberté, et vous ne la voulez que pour vous-mêmes. — Dites-le tout haut pour que le pays vous connaisse et vous juge ; dites que vous êtes plus royalistes, plus impérialistes, plus républicains, que vous n'êtes libéraux ; mais ne calomniez pas la politique la plus sage et la plus loyale qui fut jamais : celle des bons citoyens qui veulent être libres et qui sont résolus à le devenir.

Et vous, honnêtes gens de tous les partis, qui ne connaissez ni les rancunes, ni les colères, ni les petites jalousies, ni les grandes ambitions de la politique, — vous qui n'êtes ni les favoris de César, ni les courtisans des clubs, — bonnes gens, qui êtes las de voir votre argent gaspillé aux quatre coins du monde, votre sang versé sans profit sur de lointains champs de bataille, votre pays diminué par une politique imbécile, vos intérêts livrés à une administration sans contrôle, vos libertés les plus essentielles violées ou contestées tous les jours, — hommes de cœur qui êtes résolus à obtenir le redressement de vos griefs, et à vous gouverner par des représentants qui soient sérieusement vos mandataires, fermez l'oreille à ces querelles stériles qui ne peuvent servir qu'à prolonger le mal. C'est vous qui êtes l'Union libérale ; c'est dans vos rangs que vos ennemis de tous les genres cherchent à jeter la confusion ; c'est vous qu'ils veulent affaiblir en vous poussant à vous déchirer ; c'est vous qu'ils cherchent à épouvanter, en vous peignant, soit le fantôme de la réaction conspirant contre la société moderne, soit la révolution menaçante et prête à vous dévorer. Ne les écoutez ni les uns ni les autres; restez unis pour être libres. A ceux qui vous appellent réactionnaires, comme à ceux qui vous traitent de rebelles, répondez avec nous par cette fière devise : « J'aime tant la liberté, *que je la prendrais de quelque main qu'elle sorte.* Je serais heureux de la devoir à un Washington; elle me réconcilierait avec un Stuart, et j'en saurais même gré à un Cromwell, s'il pouvait me la donner. »

APPENDICE

Nous sommes heureux de citer à l'appui de notre opinion ces lignes d'un auguste écrivain, qui ne les a certes pas désavouées, puisqu'il les publiait lui-même en 1856, plusieurs années après être monté sur le trône :

L'UNION FAIT LA FORCE

ENSEIGNEMENT HISTORIQUE

En 1685, le trône d'Angleterre était occupé par un roi qui se nommait Jacques II.

. . . . , ...

A cette époque, il y avait dans la nation une apathie générale : les changements politiques qui avaient eu lieu dans le court espace de cinquante ans avaient usé les caractères, affaibli les croyances et presque détruit l'opinion publique. Les partis, tout en ayant perdu leur première violence, conservaient entre eux leur ancienne rancune, et, par leur division, livraient le pays à une secte sans honneur et sans patriotisme. « Il y avait, dit Hallam, un grand relâchement de principes dans les hautes classes, et, dans les classes inférieures, un servilisme intéressé envers le pouvoir et une soif immodérée de places. »

Le Parlement était le fidèle reflet de l'état de marasme de la nation. Il n'y avait ni une adhésion complète aux mesures du gouvernement, ni une opposition compacte et nationale. . .

Aussi, le peuple contemplait-il les débats des Chambres comme on contemple un combat de coqs, prodiguant ses applau-dissements au vainqueur, quel qu'il fût.

Cependant la politique de Jacques II lui créait tous les jours de plus nombreux ennemis. A l'intérieur ce n'était qu'arbi-traire et corruption ; à l'extérieur ce n'était que faiblesse et lâcheté . . . .

Quoique le gouvernement du roi fût en paix avec toutes les puissances, la Grande-Bretagne retentissait de bruits de tam-bours et de fanfares de guerre ; mais cette armée, qui, sous la République et le Protectorat, avait fait respecter le nom anglais sur tout le continent, ne devait servir aujourd'hui qu'au main-tien de la politique la plus honteuse qui eût affligé le pays.

Aussi choisissait-on les officiers, non d'après leur mérite comme hommes de guerre, mais d'après leur manière de penser. . . . , ...

En effet, *il faut régner ou par la force morale ou par la force brutale*. Jacques II choisit ce dernier parti, et il crut qu'avec un Parlement complaisant, avec un corps de juges dévoués, à la tête duquel étaient Herbert et Jefferies, avec une armée permanente, il pouvait être maître de l'âme et du corps de ses sujets, c'est-à-dire des lois et des consciences. . . . . .

Il y a sous ce règne un fait bien remarquable, et qui prouve combien les gouvernements sont impuissants lorsqu'ils veulent aller contre le sentiment général d'un pays. Ils peuvent bien momentanément réprimer les insurrections, étouffer les plaintes, corrompre les individus; mais ce qu'ils prennent d'un côté, il faut qu'ils le rendent de l'autre; tout ce qu'ils retranchent par la force de la vitalité des faits va germer et se développer dans le domaine des esprits.

Il est curieux de voir ce monarque anglais, vassal de Louis XIV, voulant détruire dans son propre pays la religion protestante et la liberté, n'être pas assez puissant, malgré ses troupes, ses juges, ses courtisans, pour refuser un asile aux victimes de la révocation de l'édit de Nantes, qui rapportaient

chez lui un esprit de réforme et de liberté qu'il voulait détruire.

Cependant, malgré l'impopularité toujours croissante du
gouvernement du roi, l'esprit national avait tellement dégé-
néré, qu'il était permis de croire à la réussite de ses projets,
si une transformation heureuse ne se fût opérée dans les partis
qui divisaient alors l'Angleterre. *Tant que les anglicans, les
non-conformistes, les dissidents, les whigs et les torys se firent
une guerre fratricide, le pouvoir se fortifia de leur division;* et
l'opinion publique, sans direction, flotta incertaine comme un
navire sans boussole et sans timonier. Quoi, en effet, de plus
déplorable que de voir des partis *s'acharner à une lutte de mots
sur des théories mystiques, lorsque au fond ils étaient d'accord sur
les grands principes fondamentaux dont l'adoption générale devait
assurer l'avenir de la patrie ! Tous les partis devaient s'entendre
sur un point; car, tous excepté celui qui était au pouvoir, voulaient la liberté et la grandeur de l'Angleterre, et tous encore
reconnaissaient dans la volonté du peuple anglais le juge suprême; dans la libre élection, le moyen qui devait mettre d'accord
les enfants d'une même grande famille.*

Malheureusement, les partis comme les individus s'accordent
plus par une antipathie commune que par une sympathie réci-

proque, et, quoiqu'ils eussent tous au fond du cœur le même amour, ce fut la haine contre un pouvoir antinational qui les rangea sous le même drapeau. Dès lors la cause de Jacques II fut irrévocablement perdue, et celle du peuple anglais irrévocablement gagnée. Le roi avait beau se vanter d'être entouré d'hommes qui avaient servi tour à tour la République, Cromwell et Charles II, ces hommes ne représentaient aucun parti, aucun intérêt; car jamais les transfuges n'emportent leur drapeau. *Il n'y eut plus en Angleterre que deux partis : l'un, composé des hommes du pouvoir, hommes sans principes, sans conscience, sans nationalité; l'autre, composé de tout ce que le pays renfermait d'hommes dévoués au triomphe de la liberté, de l'indépendance, de la grandeur du pays.* »

(OEuvres de Napoléon III, tome Ier, page 439, édition de 1856.)

AVRIL 1869

SUPPLÉMENT

AU

CATALOGUE DE LA LIBRAIRIE

ARMAND LE CHEVALIER

Rue de Richelieu, 61

PARIS

(POUR LES PUBLICATIONS POLITIQUES ET AUTRES, VOIR LE CATALOGUE)

Les Suspects en 1858, *étude historique sur l'application de la loi de sûreté générale :* emprisonnements, transportations, par M. Eugène Ténot et par M. Antonin Dubost, avocat.

1 volume in-8........................ 6 »

Le Même : Édition populaire, 1 volume in-18.................,...... 1 50

Nous croyons devoir rappeler ici les précédents volumes :

Paris en Décembre 1851, *étude historique sur le coup d'Etat.*

        1 volume in-8....................... 6 »

        1 volume in-18...................... 1 50

La Province en Décembre 1851, *étude historique sur le coup d'Etat.*

        1 volume in-8....................... 6 »

        1 volume in-18...................... 1 50

Insurrection du Var (Histoire de l') en décembre 1851, par M. NOEL BLACHE, avocat.

        1 volume in-18...................... 2 50

La République et le coup d'Etat dans le département de l'Eure, par M. A. PAPON.

        1 volume in-18...................... 1 50

Manuel des réunions publiques, non politiques, publiques électorales, électorales privées, par MM. ANDRÉ ROUSSELLE, avocat à la cour de Paris, et CHARLES LIMOUSIN, rédacteur du *Siècle.*

        1 volume in-32...................... 1 »

Vos Députés et leurs Votes, par M. LOUIS HERBETTE, avocat à la Cour de Paris.

    Brochure in-32 en deux éditions : Édition générale, contenant le tableau des Votes de tous les Députés, » 40 cent.; par la poste.............. » 45

    Édition départementale contenant seulement le vote des Députés du département, » 30 cent.; par la poste...................... » 35

Un tirage spécial de cette dernière édition est fait, d'après ordre, d'un nombre d'exemplaires de mille et au-dessus.

Aux Maires des 38,000 communes de France, par MM. PRÉVOST PARADOL et GEORGES COULON.

        Brochure in-18, » 25 cent.; par la poste... » 30

La Révolution par le suffrage universel. — élections de 1869, par M. ALPHONSE LECANU.

        1 volume in-18...................... 2 »

Les Maires de villages aux prochaines élections, par M. L. MARION.

        Brochure in-18, » 15 cent.; par la poste.... » 20

Des candidatures officielles et de leurs conséquences, par M. EDOUARD ORDINAIRE.

        Brochure in-18, » 25 cent.; par la poste.... » 30

La Coalition libérale, par M. ERNEST DUVERGIER DE HAURANNE.

        1 volume in-8....................... 1 50

Le Gouvernement personnel, par M. Duvergier de Hauranne.

Brochure in-32, » 40 cent.; par la poste.   » 45

Le Droit de Suffrage et ses conséquences. — *Aux Électeurs,* par M. Nollet.

Brochure in-8, » 50 cent.; par la poste.....   » 55

Exhortations électorales d'un Paysan à ses pairs, par M. Flory, propriétaire agriculteur.

Brochure in-8, » 30 cent.; par la poste....   » 35

Lettres d'un Electeur urbain à un Électeur rural, par M. Montigny.

Brochure in-18, » 25 cent.; par la poste...   » 30

L'Ordre du jour pour les prochaines élections, *à tous les Démocrates libéraux et à leurs Mandataires MM. les Députés de l'opposition,* par M. Delattre.

Brochure in-4, » 50 cent.; par la poste...   » 55

Un Plan de Campagne, *lettres aux Députés et aux Journalistes de l'opposition à propos des élections générales de* 1869, par M. F. Bonnaud.

Brochure in-8........................   1 »

Programme démocratique libéral.

Brochure in-18, » 25 cent.; par la poste..   » 30

Réponse d'un électeur à la lettre d'un ancien constituant, par M. A. Gaulier.

Brochure in-8........................   1 »

Les réunions publiques de Paris et les élections prochaines, par M. Edmond de Pressensé.

Brochure in-18, » 50 cent.; par la poste..   » 55

Les Campagnes électorales de 1851 à 1852, par M. Jean Albiot.

1 fort volume in-18..................   2 50

La France libre et armée, par M. le comte de Gardane.

Brochure in-18, » 50 cent.; par la poste....   » 55

Toutes les libertés se tiennent, *avis à mes compatriotes,* par M. Alphonse Jobez, ancien représentant du Jura.

Brochure in-18, » 25 cent.; par la poste...   » 30

Le Paysan : ce qu'il est, — ce qu'il devrait être, *petite étude morale et politique,* par M. Ferdinand de Lasteyrie.

Brochure in-18......................   1 »

Le Paysan, l'Impôt et le Suffrage universel, *ou réflexions et entretiens d'un arrière-neveu de l'Homme aux quarante écus,* par M. STEENACKERS.

     1 volume in-18...................... 1 50

L'éducation du peuple. *discours prononcé à la chambre des communes d'Angleterre,* par LORD MACAULAY, traduit par M. le comte DE GARDANE.

     Brochure in-18, » 40 cent.; par la poste... » 45

Discours prononcé par M. Thiers, député, le 2 avril 1869, devant le Corps législatif.

     Fascicule in-fol. » 20 cent.; par la poste... » 25

Budgets de l'État (progression comparée des) sous le second Empire 1855-1866, par M. HENRY MERLIN.

     1 Volume in-4...................... 7 50

Le Bilan de l'Empire, par M. HORN, cinquième édition.

     Brochure in-18, » 40 cent.; par la poste... » 45

Les grands procès politiques (*suite*) :

    LE DUC D'ENGHIEN, d'après les documents authentiques, par M. L. CONSTANT.   1 volume in-18......... 1 50

    LOUIS XVI, d'après les documents authentiques, par M. L. CONSTANT.   1 volume in-18......... 1 50

    GRACCHUS BABEUF, *et la conjuration des égaux,* par PHILIPPE.

    BUONAROTTI, préface et notes, par M. A. RANC.

        1 volume in-18......... 1 50

Les grands procès qui ont précédé ceux-ci, sont : BOULOGNE, STRASBOURG, MALET.

Sadowa, *les Prussiens en campagne,* détails historiques et anecdotiques sur la guerre de 1866, par M. PAUL DE KATOW.

     1 volume in-18...................... 2 »

La Crise Algérienne et la Démocratie, par M. LÉON HUGONNET.

     Brochure in-8....................... 1 50

Evénements de l'île de la Réunion, par MM. DESJARDINS, JALABERT et LE ROY, créoles de la Réunion.

     Volume grand in-8................... 1 50

Science de l'homme, première partie, tome premier, deuxième édition, par M GUSTAVE FLOURENS.

     1 volume in-18...................... 3 »

Bourgeois et Socialistes, par M. JUSTIN DROMEL.

     Brochure in-18...................... 1 »

Les Prisons de France et le patronage des prisonniers libérés, par M. ROBIN.

Brochure in-8........................ 1 50

Rappel de quelques publications politiques :

La loi militaire de 1868, *expliquée par demandes et par réponses.* (**Catéchisme des familles**), par MM. ISAMBERT et COFFINHAL-LAPRADE. 12e édition.

Brochure in-32, » 40 c.; par la poste..... » 50

Guide pratique de l'Electeur, par M. GEORGES COULON, précédé d'une lettre de M. JULES FAVRE.

1 volume in-18.............. ... 1 »

Souveraineté nationale (de la), par M. le comte de GARDANE.

1 volume in-8.................... 2 »

Électeur (l') en face du Scrutin, par M. A. FOREST, avocat à Ussel.

Brochure in-18................. » 75

Candidatures (les) impériales.

Brochure in-8................... 1 »

Lettre électorale d'un maire de village à ses collègues.

2e édit. Brochure in-18, » 25 c.; par la poste » 30

Où nous mènent les candidats officiels, par M. HENRI MERLIN.

Feuille in-4, 10 c.; par la poste...... » 15

Impôt (l') et son emploi, *expliqués par demandes et par réponses* (**Catéchisme du contribuable**), par E. ISAMBERT. 2e édition.

Broch. in-32, 2e édit. » 40 c.; par la poste. » 50

Politique du grand-livre. (*Aux 1,100,000 rentiers — Le nouvel Emprunt et la*), par M. ACHILLE MERCIER.

3e tirage. Brochure in-8............ 1 »

Marée (La) montante, Etude budgétaire, d'après les documents du livre bleu, par M. Achille MERCIER.

4e tirage. Brochure in-8, » 50 c.; par la poste.. » 60

Crédit mobilier (le) et ses actionnaires, I. Création. — II. Opérations. — III. Résultats. — IV. Situation. — V. Démission de MM. Pereire et Salvador

Brochure in-8.................... 1 »

Où en est le Crédit Foncier? Lettre à MM. les Députés au Corps Législatif, à propos du traité provisoire passé entre la Ville de Paris et le Crédit Foncier.

> Brochure in-8, » 50 c.; par la poste. » 60

Déficits (les) 1852-1868, par M. H ALLAIN-TARGÉ.

> Brochure in-8.................... 1 »

Libre-Echange (la production, la consommation et le), par M. RAOUL BOUDON.

> Brochure in-8, 50 c.; par la poste... » 60

Question romaine (la) devant l'histoire, 1848 à 1867 ; actes officiels, documents, débats parlementaires, précédée de *France et Italie,* par M. EDGAR QUINET.

> 1 volume in-18.................... 3 50

Discours de M. Jules Favre sur la seconde expédition romaine, prononcé le 2 décembre 1867.

> Brochure in-8.................... 1 »

FIN

www.ingramcontent.com/pod-product-compliance
Lightning Source LLC
Chambersburg PA
CBHW07085280326
41934CB00008B/1450